W0280966

Djerba, l'île des lotophages

Un regard de l'intérieur

ITINÉRAIRES-DÉCOUVERTE

*"Mais voici qu'au détour du Malée, raconte Ulysse,
le courant, la houle et le Borée me ferment le détroit, puis le port de Cythère.
Alors, neuf jours durant, les vents de mort m'emportent sur la mer aux poissons.
Le dixième nous met au bord des lotophages, chez ce peuple qui n'a,
pour tout mets, qu'une fleur. On arrive ; on débarque ; on va puiser de l'eau,
et sans tarder, mes gens préparent le repas sous le flanc des navires.
Quand on a satisfait la soif et l'appétit, j'envoie trois de nos gens reconnaître
les lieux, deux hommes de mon choix, auxquels j'avais
adjoint en troisième un héraut.*

*Mais, à peine en chemin, mes envoyés se lient
avec des lotophages qui, loin de méditer le meurtre de nos gens,
leur servent du lotos. Or, sitôt que l'un d'eux goûte à ces fruits de miel,
il ne veut plus rentrer ni donner de ses nouvelles..."*

Homère - Odyssée

Caroline Courtin

© 1999 Editions PIMENT
ISBN : 2-9513602-0-7
Dépôt légal : mars 1999
Tous droits réservés.

Sommaire

Sommaire

Au fil des routes et des pistes sinueuses, au travers de **4 itinéraires pédestres et VTT**, partez à la quête du Lotos, à la rencontre des djerbiens, de leurs traditions, de leur histoire et de leur culture.

Les chemins labyrinthiques *(jeda)*, bordés de hauts murets de terre battue *(tabia)* relient entre eux les habitations traditionnelles *(menzel)* à la blancheur éclatante. Vous découvrirez les *puits* avec l'eau fraîche au reflet argenté qui serpente dans les *seguia* (le pompage électrifié à petit à petit remplacé le travail de l'âne ou du dromadaire), les *mosquées* fortifiées (celle d'*El May* est particulièrement remarquable), les *ateliers de tissage* au fronton triangulaire, les anciennes *huileries* où plane encore parfois l'odeur forte et âcre des résidus de pression.

Parfois vous croiserez des hommes rentrant du travail à vélo ou à mobylette, ou conduisant des charettes débordant de marchandises ; des femmes vêtues de *costumes traditionnels* aux couleurs chatoyantes revenant du *marché de Midoun* les bras chargés ; des enfants au retour de l'école, cartable sur le dos, croisant le troupeau indiscipliné des chèvres et des moutons à large queue.

L'île est tapissée d'*oliviers* centenaires au tronc noueux, de *palmiers* à la chevelure chantante. Les odeurs mielleuses des vergers luxuriants de *Mahboubine* se mêlent au parfum léger de la brise marine.

Djerba regorge de *savoir-faire séculaires* : *pêcheurs, potiers de Guellala, tisserands...*

A *Houmt Souk, le souk Errbâa* (marché couvert) abrite les étroites échoppes des artisans : *tisserands, tailleurs, bijoutiers*, graveurs sur cuivre, *marchands de tapis*, de cuir et parfum.

Vous découvrirez *Adjim*, le fief des *pêcheurs d'éponges.*

Partout sur l'île, une multitude de *petits métiers discrets* : *coiffeurs, épiciers, cordonniers, marchands de fruits secs, tailleurs, vanniers*, relève la vie sociale d'un trait d'authenticité empreint de gentillesse et de bonne humeur.

Alors en piste, et bonnes découvertes !

Mer Méditerranée
Cap Blanc
BIZERTE
Golfe de Tunis
Cap Bon
N
Tabarka
TUNIS
Béja
Nabeul
Zaghouan
Hammamet
Golfe d'Hammamet
El Kef
SOUSSE
Haut Tell
ALGÉRIE
KAIROUAN
MAHDIA
TUNISIE
SFAX
Îles Kerkennah
Gafsa
Chébika
Tamerza
Golfe de Gabès
Tozeur
Nefta
Chott El Jerid
Kebili
Gabès
Houmt Souk
Île de Djerba
Adjim
El Djorf
Matmata
Zarzis
Douz
Médenine
Ksar Hdada
Ksar Ghilane
Ben Gardane
Chenini
Tataouine
Ksar Ouled Soltane
Dahar
Remada
Grand Erg Oriental
LIBYE

TUNISIE

SUPERFICIE :
164 000 km^2 avec 1 300 km de côtes dont 600 km de plage.

EXTENSION : D'ouest en est, 200-250 km ; du sud au nord, 750 km.

POINT CULMINANT : Le Jebel Chambi 1 544 m.

SITUATION GÉOGRAPHIQUE : A l'ouest, l'Algérie ; au sud-est, la Lybie.

POPULATION :
8,5 millions dont 49 % ont moins de 20 ans.
Densité : 51,3 habitants au km^2 ; 59 % d'urbains.

CLIMAT :
Au nord, climat méditerranéen ; à l'extrême sud, climat désertique.

TEMPÉRATURE :
Moyenne hivernale, 11°C ; moyenne estivale, 26°C.

CAPITALE : Tunis (1 650 000 habitants).

GRANDES VILLES :
Sfax, Sousse, Bizerte, Nabeul, Kairouan, Monastir, Madhia, Gabès, Gafsa.

LANGUES :
L'arabe est la langue officielle. La plupart des tunisiens parle le français.

RELIGION :
98 % de la population est musulmane. 2 % sont chrétiens et juifs.

RÉGIME :
République présidentielle. Président élu pour 5 ans. Le système politique s'est libéralisé avec l'abolition de la présidence à vie et de la cour de sécurité de l'Etat.

DIVISION TERRITORIALE : 23 gouvernorats et 254 délégations.

MONNAIE : Dinar (1 dinar vaut environ 5,50 F et 0,83 EURO).

ECONOMIE :
Principales ressources en devises (tourisme, textile, pétrole, phosphate et engrais). Agriculture (olives, dattes, tomates, agrumes...) occupe 40 % de la population active, l'industrie occupe 28 % et les services 32 %.

DJERBA

SUPERFICIE : 538 km^2.

EXTENSION :
D'ouest en est, 30,5 km ; du nord au sud, 29,8 km.

PÉRIMÈTRE : 125 km.

POINT CULMINANT : 52 m.

DISTANCE DU CONTINENT :
5,8 km par la chaussée romaine,
2,5 km par le chenal (Adjim - Djorf),
530 km de Tunis par la route.

POPULATION : Environ 120 000 habitants.

TEMPÉRATURE :
Moyenne hivernale, 12°C ; moyenne estivale, 28°C.
La chaleur reste supportable en raison d'une faible hygrométrie.

PRINCIPALES AGGLOMÉRATIONS :
Houmt Souk, Midoun, Guellala, Mahboubine, El May, Cedriane, Erriadh (synagogue de la Ghriba), Sedouikech.

GOUVERNORAT : Medenine.

DÉLÉGATIONS : Houmt Souk, Midoun et Adjim.

ECONOMIE :
Tourisme (6 000 emplois), artisanat (poterie, textile),
agriculture (culture céréalières, agrumes, olives), élevage, pêche.

RELIGION :
Musulmane (les deux rites principaux sont le malékisme et l'ibadisme).
Présence d'une communauté juive.

Histoire

Histoire

MÉNINX

BORDJ EL KÉBIR

Mille ans de civilisation punique, l'emprise des romains durant quatre siècles, un siècle d'occupation vandale, la conquête arabe, la résistance berbère, trois siècles d'occupation turque, trois quarts de siècle de protectorat français : la Tunisie, constamment envahie, a forgé son identité sur se cosmopolisme, cette diversité de cultes et de cultures. Ainsi en est-il de l'île de Djerba.

Ezzedine Mestiri dans son livre "la Tunisie" cite : "L'homme tunisien a été façonné par les tumultes de son histoire. Audacieux comme un Carthaginois, logique comme un Romain, romantique comme un Arabe, rigoureux comme un Turc, libertaire comme un Berbère, il n'a pas échappé aussi au rationalisme français".

Détail d'entablement d'un temple.

Quelques éléments clé de l'histoire de Djerba et du Sud-Tunisien

Préhistoire tunisienne : développement de la civilisation capsienne.

IVe millénaire (Néolithique) : apparition de l'agriculture et des Protolibyens. L'arrivée de ces derniers génère une ethnie nouvelle dont descendent les berbères.

1500 av. J.C. : époque où le monde hellénique aurait fait une percée dans l'île en y introduisant la culture de l'olivier et le tour de potiers à Djerba.

814 av. J.C. : fondation de Carthage. Dès les périodes phéniciennes puis carthaginoises, Djerba devint un lieu d'échanges important entre l'Orient et l'Occident méditerranéens et entre l'Europe et l'Afrique.

IXe siècle av. J.C. : installation de comptoirs carthaginois à Djerba.

VIe siècle av. J.C. : Carthage soumet la région des Syrtes. Les Carthaginois donnèrent le nom de Méninx à l'île. D'origine phénicienne, ce toponyme dérive du mot "mênagés" signifiant "manque d'eau".

586 av. J.C. : Djerba accueille les réfugiés juifs qui ont quitté Jérusalem après la destruction du temple par Nabuchodonosor.

146 av. J.C. : chute de Carthage. Création de la Provincia Africa romaine.

46 av. J.C. : le Sud-Tunisien passe sous emprise romaine. Toute l'île sera alors couverte de monuments splendides, de temples, de villas somptueuses comme en témoignent les fragments de mosaïques, de colonnes de marbre mis à jour sur le site de Meninx. L'île devint une importante plaque tournante de négoce : huile d'olive, ivoire, autres produits d'Afrique y transitaient.

Milieu du IIIe siècle : création d'un évêché à Girba (Houmt Souk), et construction d'une basilique. L'île prend le nom de Djerba, mot dérivé de Girba.

Fin du IVe siècle : triomphe du christianisme.

429 : invasion vandale.

534 : un général byzantin, Bélisaire, écrase les vandales.

Mosaïques sur le site de Méninx.

Détail d'architecture du Bordj El Kébir.

VIe - VIIe siècles : domination byzantine.

647 : incursions d'Arabes venus du désert.

665 : un compagnon du prophète envahit l'île de Djerba.

670 : invasion arabe. Fondation de Kairouan.

745 : les berbères sont maîtres de Kairouan.

Début VIIIe siècle : la Provincia Africa romaine devient l'Ifriqiya arabo- musulmane, gouvernée par un représentant du calife Omeyyades de Damas.

VIIe siècle : Djerba devient le refuge du groupe religieux, rigoriste et ascétique des Ibadites.

800-909 : règne de la dynastie des Aghlabides.

910 : les berbères Kotama s'emparent de Kairouan.

973 - 1048 : les Zirides gouvernent le Maghreb au nom des Fatimides.

1048 : rejet de l'autorité Fatimide par les Zirides.

1050 : pour punir les Zirides, les Fatimides envoient des tribus nomades qui détruisent tout sur leur passage.

IXe siècle : arrivée massive du malékisme (rite orthodoxe de l'islam), sur l'île.

XIe siècle : Gênois et Pisans attaquent les ports tunisiens.

1147 : les Almohades unifient l'Afrique du Nord.

1148 : victoire des Normands de Sicile sur les côtes.

1236 : indépendance de la dynastie hafside.

1236-1574 : règne de la dynastie hafside.

XIIIe - XVIe siècles : Djerba sert de champ de bataille aux chrétiens de Sicile et aux Hafsides de Tunis.

Du XIVe au XVIIIe : attaques permanentes de corsaires sur les côtes de l'île.

Scène de marché au début du siècle.

"...Cependant, l'île était devenue peu à peu un véritable nid de pirates. Le fameux Barberousse, son élève Dragut et d'autres corsaires célèbres en avaient fait leur point de relâche, voir même leur quartier général en Méditerranée. Leur flottille disposait de l'appui tacite de la Turquie..."

Salah-Eddine Tlatli
dans son livre "l'île des Lotophages".

Le navire d'Ulysse quittant "l'île des Lotophages".

1550 : fin de la dynastie hafside.

XVIe - XVIIIe siècles : Djerba est au centre des luttes entre les espagnols et les turcs, puis entre les tripolitains et les tunisiens.

1560 : prise de Djerba, Gafsa et Kairouan par Dragut.

1574 : la Tunisie devient une province de l'Empire Ottoman.

De 1592 à 1609 : l'arrivée des andalous, musulmans d'Espagne chassés par la Reconquista chrétienne, apporte à la Tunisie une prospérité sans précédent avec un essor de la vie intellectuelle et artistique.

Jusqu'au XIXe siècle : les beys ottomans gouvernent la Tunisie.

1881-1956 : protectorat français.

1881 : occupation du Sud-Tunisien par les troupes françaises.

1890 : les troupes françaises quittent Djerba qui passe sous administration civile.

1900 : réorganisation administrative de la région de Sud.

1906 : les régions au sud de Gabès sont organisées en territoires militaires.

1907 : création du parti des Jeunes Tunisiens.

1915-1917 : révolte du Sud-Tunisien.

1920 : le traité de Sèvres met officiellement fin à la tutelle turque sur la Tunisie. Création du parti libéral constitutionnel, le Destour.

1942 : occupation italo-allemande de la Tunisie.

1949 : Bourguiba rentre à Tunis et reprend la lutte.

20 mars 1956 : la France reconnaît l'indépendance de la Tunisie.

1er juin 1959 : promulgation de la Constitution.

7 novembre 1987 : le premier ministre Ben Ali succède au Président Bourguiba. Réforme de la constitution.

1995 : le Président Ben Ali signe un accord d'association économique avec l'Union Européenne.

Port d'Adjim au début du siècle.

L'entrée du Bordj El Kébir.

MENINX

Les Carthaginois donnèrent le nom de Méninx à l'île. D'origine phénicienne, ce toponyme prend ses racines dans le mot "mê-nagés" signifiant "manque d'eau".
Au IIIe siècle avant J.C., avec la construction de la chaussée romaine d'El Kantara, l'île, ainsi reliée au continent connut un essor considérable. Le commerce du murex, ce coquillage à la chair rougeâtre dont on extrayait le pourpre, prit de l'ampleur. Les carthaginois installèrent des ateliers de teinture sur l'île. L'étoffe teinte d'un rouge profond s'exportait vers les pays riches. Seuls les empereurs et les hauts dignitaires, théocrates et aristocrates, la portaient. Ainsi naquit Meninx, une cité punique, immense entrepôt insulaire. Meninx devint une véritable plaque tournante en Afrique. Les fouilles ont mis à jour un espace urbain de plus de 30 000 m^{2}. Les caravanes quittaient l'île pour le continent chargées des produits de l'agriculture et de l'artisanat de Djerba : huile, fruits, vin, poterie, poissons séchés, étoffes teintes. Elles revenaient chargées d'or, d'ivoire, de peaux de bêtes, d'œufs et de plumes d'autruches, mais également d'esclaves noirs originaires du Soudan.

Vestiges de temple.

Nature

Nature

CLIMAT

RELIEF

FONDS MARINS

FAUNE

FLORE

PALMIER DATTIER

OLIVIER

CLIMAT

Djerba : "l'air est si doux qu'il empêche de mourir" **G. Flaubert.**

"A Sfax, l'hiver vous aura quittés ; à Gabès, vous trouverez le printemps ; à Tozeur, l'été ; et à Djerba vous découvrirez la cinquième saison. Mais oui Monsieur, la cinquième saison, ce climat spécial de l'île de Djerba, si étrange, fait de sécheresse extrême, de brise marine, de fraîcheur et de rosées nocturnes, de quelque chose de rationnel, de tempéré en tout". **E. Grévin**

Le climat de Djerba et du littoral Sud-Tunisien appartient au climat de type méditerranéen steppique. Les pluies sont peu abondantes et tombent irrégulièrement durant la saison hivernale. Le total pluviométrique atteint en moyenne 250 mm par an, oscillant de moins de 100 mm jusqu'à plus de 800. Ni sources, ni rivières à Djerba, le manque d'eau a marqué de son empreinte l'histoire de l'île jusque dans son ancien nom : Meninx signifiant étymologiquement "manque d'eau". De nos jours, l'eau est acheminée par canalisation depuis le continent, via la chaussée romaine.

■ Températures

Mai à Octobre : période chaude avec des températures toujours supérieures à 20°C.
Novembre à Avril : saison plus fraîche avec des températures qui oscillent entre 11 et 19°C (pas réellement de saison froide à Djerba).
Juillet et Août : températures les plus hautes.

■ Sirocco

Le sirocco (vent desséchant soufflant du sud ou du sud-ouest) abat son haleine chaude sur l'île une quinzaine de jours de juin à octobre.

Les chaleurs torrides et le fort taux d'évaporation forment un obstacle majeur pour le développement du couvert végétal.

■ Pluviométrie

En novembre 1920, le total annuel s'est déversé en deux jours.
En 1939, il est tombé 306 mm, soit 5 fois la quantité d'eau de l'année suivante (64 mm).

RELIEF

"La Tunisie : ce pays à silhouette d'hippocampe a le ventre face à la mer, la tête dans la verdure et la queue enfouie dans le sable" **Jean Hureau.**

On retrouve dans cette citation une partie des caractéristiques du relief de Djerba : *"Le ventre face à la **mer**... la queue enfouie dans le **sable**".*

L'île de Djerba est située dans une zone semi-désertique. Très peu de relief à Djerba. Point culminant : 52 mètres dans la région de Guellala (colline d'Aadloun). Il y a environ un million d'années, les falaises rouges de Djorf se sont effondrées. De cette époque date la naissance de l'île de Djerba qui sera désormais séparée du continent par un canal large de 2,5 km (le canal d'Adjim). Des bacs assurent la traversée. Par ailleurs, Djerba est reliée au conti-

nent par la route d'El Kantara (6 km) qui suit à peu près le tracé de l'ancienne chaussée romaine.

L'île de Djerba est entourée d'une ceinture marine de hauts-fonds : faible profondeur des fonds. Le littoral compte 150 km de rivages bordés de sebkhat, lagunes sèches et dunes de sable fin. Les plages piquetées de bouquets de palmiers, idéales pour la baignade, sont concentrées sur la côte nord-est de l'île, c'est d'ailleurs là qu'est regroupée la majeure partie des hôtels (zone touristique).

Les plages de Djerba.

On rencontre aussi des formations rocheuses côtières, comme celles où se situe le phare de Taguermess ou encore le littoral sur la côte ouest (de Bordj Jillij à Adjim).

La côte nord-ouest est une zone de lagunes très prisée des oiseaux migrateurs (presqu'île aux flamants roses entre la plage de Sidi Mahrès et Houmt Souk).

L'intérieur de l'île est sillonné de chemins creux, sablonneux, aux murs de terre battue coiffés d'agaves, d'aloès et de figuiers de Barbarie.

FONDS MARINS

L'effondrement des falaises de Djorf (sur le continent) marque la naissance de l'île de Djerba (environ 1 million d'années).

■ Détroit d'Adjim

Certaines poteries anciennes trouvées en mer dans les profondeurs du détroit d'Adjim ont alimenté l'imagination populaire quant à l'existence d'une ville engloutie lors de l'effondrement des falaises. Des pêcheurs d'éponges affirment avoir repéré des ruines au fond de l'eau durant leurs plongées. Réalité, légende entretenue, nul ne sait !...

■ Ceinture marine

Djerba est bordée d'une ceinture marine de hauts-fonds qui l'a protégée au cours des siècles. A 9 kilomètres des côtes de Houmt Souk la profondeur ne dépasse pas 5 mètres ; pour parvenir à la courbe des - 20 mètres, il faut s'éloigner de plus de 20 kilomètres. L'histoire de Djerba est riche en anecdotes soulignant le rôle de barrière défensive naturelle que joua cette ceinture marine.

La flotte du corsaire Dragut, poursuivie par André Doria, s'enlisa dans les hauts-fonds. Dragut réussit à se dégager en creusant durant la nuit un canal.

En 253 av. J.C., durant la première guerre punique, une flotte de 250 vaisseaux échoués sur les hauts-fonds au large d'El Kantara ne dut son salut qu'au déchargement de tous les bagages et au flux qui revint.

Le littoral de la côte ouest.

FAUNE

■ Espèces sauvages

Les espèces sauvages ne sont pas très nombreuses à Djerba. Citons le renard, le lièvre, le hérisson, quelques rongeurs : gerbilles, souris, gerboises. Ces mammifères font preuve de facultés d'adaptation multiples (ex : pelage et plumage clairs réfléchissant la lumière). Reptiles et insectes sont nombreux mais les animaux dangereux sont rares. Citons toutefois le scorpion, famille des arachnides, plus ou moins venimeux selon son espèce. Incapable de résister à la chaleur, il ne sort qu'à la nuit tombée. Sa piqûre est dangereuse. Parmi les reptiles, lézards et couleuvres dominent.

La huppe se confond avec la couleur du sol.

■ Oiseaux migrateurs

On peut observer en hiver les oiseaux migrateurs. Le golfe de Gabès enregistre des marées pouvant atteindre 2 mètres d'amplitude. Ces étendues sablo-vaseuses, riches en mollusques, crustacés, vers, attirent la moitié des oiseaux migrant en Méditerranée durant l'hiver (limicoles, goélands, mouettes, flamants roses en provenance de Camargue et d'Espagne). Ces oiseaux migrateurs apprécient tout particulièrement la presqu'île aux flamants roses située entre Houmt Souk et la plage de Sidi Mahrès.

■ Espèces domestiquées

Parmi les espèces domestiquées, citons les moutons "barbarine", à large queue, les chevaux, ânes, mulets, dromadaires et chèvres.

■ Le dromadaire

Le dromadaire fait dorénavant partie du folklore.

Le dromadaire a été domestiqué vers 3000 av. J.C. en Arabie. Cet animal peut rester plus de 15 jours sans boire. Dans ces conditions, un dromadaire pesant 500 kg perd 150 kg durant les huit premiers jours. Il peut absorber jusqu'à 120 litres d'eau en quelques minutes. La forme de ses pattes lui permet de se déplacer facilement dans le sable. Autrefois animal de trait et de bât, très présent sur l'île, sa vocation est dorénavant touristique et folklorique : ils promènent les touristes sur les chemins sablonneux ou porte la mariée lors de la *"jahfa"* ("rapt" de la mariée).

Autrefois animal de trait et de bât, le dromadaire était très présent sur l'île.

Moutons barbarine à large queue.

FLORE

"... sous les oliviers, entre les carrés d'orge et de blé jaunissant, les fleurs sauvages... champs rouges de coquelicots... jaunes de marguerites sauvages... chaque lambeau de sable choisit sa fleur préférée et s'en pare... et dans les landes pierreuses, sur les tabia arides, au long des routes, la hampe mauve des asphodèles... des chemins poudreux et encaissés, bordés d'agaves dont les hampes ligneuses se dressent vers le ciel... un grand jardin irrigué d'eau chantante... un jardin couvert d'une verdure exubérante et étagée... au ras du sol le vert tendre des plants de haricots et de petits pois... le vert luisant des salades... et puis, plus loin, les carrés de tomates et de poivrons... au-dessus de cette verdure, le monde des arbres : pommiers, poiriers, abricotiers, pêchers et plus loin, amandiers, orangers, citronniers, grenadiers... plus haut, le monde des palmes planant et se balançant sous le ciel implacable..."

Echos de Djerba - Mr Meige.

■ Sol de Djerba

Les terres légères de Djerba sont faites d'argile et de sable. La pierre calcaire domine dans l'intérieur de l'île.

■ Variétés d'arbres et de plantes

Pas d'étendues forestières sur Djerba. Quelques pins d'Alep, tamaris, caroubiers, eucalyptus. Dominance de l'olivier, du palmier et des figuiers de barbarie.
Les systèmes d'irrigation ont permis le développement des cultures maraîchères et arboricoles : grenadier, caroubier, figuier, oranger, amandier, pommier, poirier, pêcher, abricotier..., nombreuses céréales (blé et surtout orge), quelques arpents de vigne et culture légumière très locale (carottes, pommes de terre...). On trouve sur Djerba les variétés de plantes des steppes méditerranéennes pré-sahariennes telles que l'alfa , le genêt épineux, le romarin, le thym, la lavande et l'armoise champêtre. On trouve également : le jasmin, la bougainvillée, l'hibiscus...

Fleurs de grenadier.

■ Les plantes xérophiles

La rareté des pluies, les chaleurs torrides et le fort taux d'évaporation forment un obstacle majeur pour le développement du couvert végétal. La plante a dû résoudre le problème du manque d'eau. Pour s'adapter, les différentes espèces ont opté pour le nanisme et la xérophilie. Les raquettes-réservoirs des cactus se dégonflent et jaunissent après une période de grande sécheresse et se gorgent d'eau après les fortes pluies. Les feuilles des oliviers, de petite taille, sont recouvertes d'un enduit vernissé permettant d'endiguer le phénomène d'évaporation.

■ L'alfa

L'alfa est utilisée pour la confection des tiges des bouquets de jasmin, des tapis, des paniers, des chapeaux, des scourtins (les chamia) qui servent à recueillir la pâte d'olive préalablement broyée.

■ L'armoise champêtre

L'armoise champêtre était utilisée autrefois par les tribus nomades sous forme de tisane pour combattre la morsure du scorpion. Elle est surtout présente dans le Sud-Tunisien.

■ Les espèces halophytes

Les espèces halophytes vivent sur des terrains à forte teneur en sel. Elles rejettent le sel en excès dans le sol grâce à des pores spéciaux.

PALMIER DATTIER

■ **Quelques chiffres clé :**

Le palmier vous est "compté"

- Un palmier adulte (au moins 12 ans) produit jusqu'à **120 kilos de dattes.**
- La récolte des dattes a lieu **en novembre.**
- Durée de vie du palmier : de **150 à 200 ans.**
- On trouve plus de **150 variétés de dattes** : les "deglet en-nour" ou "doigts de lumière" des oasis du Jerid dans le Sud-Tunisien, près de Douz, sont les plus savoureuses.
- La production de "deglet en-nour" est de **35 000 tonnes**. La majeure partie part à l'exportation.
- Les dattes sont des fruits à **grande valeur nutritive**, très riches en protides et en sucre.

Haie de palmes.

Avec les palmes sont fabriqués clôtures, objets de vannerie, nattes, couffins...

Les palmiers djerbiens sont de diverses espèces. Leurs dattes sont plus ou moins goûtées. Les djerbiens apprécient les *lemsi*, les *aguiwa* et les *mtata*. Elles sont uniquement destinées à la consommation locale. Quant aux palmiers sauvages, leurs fruits, de qualité médiocre, sont destinés aux animaux d'élevage. En berbère, palmier se dit *"taghla"* signifiant "le précieux". Le palmier est utilisé dans les constructions et dans l'artisanat. Avec les palmes sont fabriqués clôtures, objets de vannerie (chapeaux), nattes, couffins, cordages ; avec les troncs sont réalisées poutres pour les charpentes des menzel, appelées *"sannour"*, canalisations pour l'irrigation *(seguia)*, gouttières. Une haie de palmes forme les barrages des pêcheries fixes *(zriba)*.

Le palmier donne aussi sa sève : le legmi, récolté à l'aide de deux ou trois gargoulettes.

Pollen de palmier.

Jeune régime de dattes.

■ La sève du palmier : *le legmi*

La palmier donne aussi sa sève, le *legmi*, véritable régal du djerbien. Son goût délicieux rappelle le jus d'ananas et a la particularité de fermenter très rapidement.
La récolte de la sève se déroule d'avril à octobre. L'arbre est effeuillé à son extrémité. Sur le cône végétal, on taille une rigole. Deux ou trois gargoulettes (poterie) y sont alors fixées. La sève s'écoule lentement dans les petits récipients ventrus. Pendant les 6 mois, le djerbien ira récolter une dizaine de litres de sève par jour.

■ Jeu d'enfants djerbiens

Les dards (aiguillons) sont présents à la base des palmes. Les petits djerbiens, astucieux, en font l'élément d'un petit jeu. Installés à l'ombre des palmiers, ils recouvrent d'une fine couche de sable quelques dattes vertes puis tentent à l'aide des dards de palme de piquer les dattes. Celui qui remporte le plus grand nombre de dattes a gagné.

OLIVIER

"Zitouna" en dialecte tunisien

Bois d'olivier.

■ **Quelques chiffres clé :**

L'olivier vous est "compté"

- **500 000 arbres** sur l'île de Djerba.
- Les racines d'olivier s'enfoncent parfois jusqu'à **6 mètres** à la recherche de l'eau.
- Un olivier peut fournir jusqu'à **80 litres** d'huile chaque année.
- Un cueilleur récolte en moyenne **10 kilos** d'olives par heure.
- La cueillette dure de **3 à 5 mois**.
- Certains oliviers ont **2000 ans** d'âge.
- Six cueilleurs récoltent en 1 heure tous les fruits d'un olivier.
- **1,6 million d'hectares** d'oliveraies sur l'ensemble de la Tunisie.

L'olivier demeure l'élément clé de l'agriculture djerbienne. Le long de la route qui mène de Houmt Souk à Hara Kbira, on découvre des oliviers séculaires, millénaires, au tronc tourmenté, noué, éclaté. Certains, âgés de plus de 2000 ans datent de l'époque romaine. La taille annuelle donne à l'olivier sa coiffe arrondie et dense en feuillage. La récolte des olives débute en décembre.

500 000 oliviers sur l'île de Djerba.

"... Me voici roulant sur la piste ravinée et chaude... mon passage soulève des nuages de poussière blanche qui longtemps flottent entre les oliviers gris-fer... jeunes oliviers aux feuilles larges et tendres, dont le tronc se penche, se raidit par les vents... oliviers adultes, noueux et tourmentés, au fin feuillage luisant... oliviers centenaires, plantés jadis par les romains, et dont le large corps crevassé et éclaté s'entoure d'une forêt de rejets vivaces..."

Echos de Djerba - Mr Meige.

■ **La cueillette des olives**

Toute la famille participe à la cueillette. Dès l'aube, elle quitte le *"menzel"* (habitation traditionnelle), s'enfonce dans les *"jeda"* (chemins) cernés de *"tabia"* (murets de terre battue), et s'achemine vers les *"frawas"* (parcelles d'oliviers). La cueillette est un travail essentiellement féminin : les femmes aidées des enfants installent sous les arbres des couvertures, elles grimpent aux arbres et la cueillette commence. Les cueilleurs peignent les rameaux

Les oliviers, au tronc tourmenté, noué, éclaté.

entre leurs doigts. Parfois on utilise des cornes de mouton en guise de doigtiers. L'ondée d'olives se répand sur les couvertures. L'homme se charge du transport. Les sacs remplis sont acheminés vers les "*maasera*" (huileries).

L'odeur forte et âcre des olives pressurées souligne la proximité des huileries. Une partie de la récolte est conservée dans les grandes jarres pour l'usage courant de la famille, l'excédent est vendu. Il reste à l'heure actuelle de nombreux vestiges d'huileries artisanales, remplacées par des huileries modernes.

■ L'olivier aux œufs

A Midoun, durant la fête de l'*Aïd* les enfants coloraient des œufs avec des teintures naturelles rouge et jaune. Ils se réunissaient sous "l'olivier aux œufs" où chacun tentait de gagner l'œuf de son partenaire de jeu.

Religion

Religion

ISLAM

FÊTES

RITES RELIGIEUX

SYNAGOGUE

ISLAM

■ Les fondements de l'Islam

La doctrine musulmane repose sur trois fondements : le Coran, la Sunna, les Hadiths.

• Le Coran, livre saint, se décompose en 114 sourates (courts chapitres) subdivisées en ayat (versets).

• La Sunna : témoignages oraux des compagnons du Prophète.

• Les Hadiths ont consigné par écrit la Sunna et constituent un guide de référence.

L'Islam repose sur 5 piliers (arkan en arabe) : la profession de foi (chahada), la prière rituelle (salat), l'aumône (zakat), le jeûne du Ramadan (sawm), le pèlerinage à la Mecque (haj). La prière rituelle est dite à cinq moments de la journée : aube, midi, après-midi, coucher du soleil et soir, le corps tourné vers la Mecque.

Lanterneau d'une mosquée de rite wahabite.

Fidèle se rendant à la prière.

■ La circoncision

La circoncision est un rite islamique. L'enfant est alors âgé de cinq à sept ans. Avant la cérémonie, le garçon fait une petite visite rituelle au hamman pour la toilette. Les mains et les pieds teints au henné, jebba joliment brodée, nœud papillon, chechia neuve : voici le jeune garçon fin prêt pour la cérémonie. Toute la famille est réunie autour de l'enfant. Les "youyou" des femmes et la musique encouragent l'enfant lorsque le circonciseur, autrefois le barbier, maintenant le médecin, accomplit le rituel. Une jarre remplie de friandises et de fruits secs est brisée au même instant, ce geste marque le début des festivités.

Mosquée à Houmt Souk
Aquarelle de Béchir Kouniali.

FÊTES LAÏQUES ET RELIGIEUSES

Dans la campagne djerbienne, éclate toute la blancheur des mosquées.

■ **Fêtes laïques**

Jour de l'an : 1er janvier
Fête de l'indépendance : 20 mars
Fête de la jeunesse : 21 mars
Journée des martyrs : 9 avril
Fête du travail : 1er mai
Fête de la République : 25 juillet
Journée de la femme : 13 août
Anniversaire du "changement" : 7 novembre

■ **Fêtes religieuses**

Elles sont fixées selon le calendrier musulman. Les dates varient dans le calendrier grégorien.

Ras-el-Am : *jour de l'an hégirien*
1998 : 28 avril
1999 : 11 avril
2000 : 6 avril

Le dernier repas de l'année doit se faire avec des mets conservés : couscous, pois chiches, viandes séchées. La *mloukhiya,* plat mijoté, est servie le premier jour de l'année lunaire, selon le calendrier de l'hégire. C'est un ragoût de bœuf relevé de poudre verte de feuilles de corette au goût proche de l'épinard. La couleur vert foncé de la *mloukhiya* et de bon augure : le vert étant symbole d'abondance et de prospérité.

Début du Ramadan
1998 : 20 décembre
1999 : 10 décembre
2000 : 30 novembre

Durant le mois lunaire du Ramadan, mois de la Révélation, le musulman doit s'abstenir de manger, de boire, de fumer et de toutes relations sexuelles entre le lever et le coucher du soleil. Dès la rupture du jeûne, les rues s'animent. Autrefois, les soirées étaient animées par des chanteurs, des musiciens, qui psalmodiaient des vers sur des personnages saints et le prophète. De nos jours, on se réunit devant les émissions de divertissements diffusées par la télévision.

Mosquée Fadlhoun sur le route d'Houmt Souk-Midoun.

Aïd-el-Fitr *(Seghir)*
1998 : 30 janvier
1999 : 19 janvier
2000 : 8 janvier

Les fêtes de l'Aïd-el-Fitr marquent la fin du Ramadan. Elles durent trois jours. Les maîtresses de maison cuisinent des gâteaux spécialement pour cette occasion. Elles les offriront aux visiteurs. Les enfants recevront de l'argent de poche et des friandises. Les rues dégagent à cette occasion un parfum de fête.

Aïd-el-Idha *(Kebir)*
1998 : 18 avril
1999 : 7 avril
2000 : 17 mars

Soixante-dix jours plus tard, l'Aïd-el-Kébir commémore le sacrifice d'Abraham, qui offrit à Dieu la vie de son fils Ismaël. Au dernier moment, Dieu remplaça le jeune garçon par un bélier. A l'occasion de cette fête, on tue le mouton. A midi, les amis sont invités à venir déguster les délicieuses *klaïa* (fressures) et le succulent méchoui. On conserve une partie de la viande qui, séchée, sera servie avec le couscous, accompagnée de fèves au nouvel an musulman.

Mouled : anniversaire du prophète
1998 : 6 juillet
1999 : 25 juin
2000 : 16 juin

Le Mouled célèbre l'anniversaire de la naissance du Prophète.

RITES RELIGIEUX

Pour les sunnites, tenants de la tradition du prophète, il existe quatre rites orthodoxes : malékisme, hanéfisme, chafiisme et hanbalisme. Le mouvement kharidjisme est issu des querelles qui marquèrent la succession de Mahomet à la tête des croyants. Après la mort du calife Yazid (683), les kharidjites, c'est-à-dire "les sortants", se divisèrent en plusieurs sectes. La principale est celle des ibadites, très présente au Maghreb à partir du VIIe siècle, et plus spécialement à Djerba.

Contreforts d'une mosquée fortifiée.

Le kharidjisme n'est pas reconnu des autres rites orthodoxes. Les fidèles du kharidjisme sont surnommés "khouams" par les orthodoxes, c'est-à-dire les gens du cinquième rite (seuls les 4 rites sont reconnus). Dès le VIIe siècle, le mouvement kharidjite était dominant sur l'île.

Mosquée des Turcs à Houmt Souk.

Le malékisme (rite orthodoxe dominant en Tunisie) est introduit à Djerba à partir du milieu du IXe siècle.

On peut penser que si les malékites représentaient les Arabes conquérants, ou en tout cas les Berbères islamisés, les ibadites (secte émanant du kharidjisme) sont les descendants des populations d'origine de l'île qui ont conservé leurs convictions et leurs mœurs. Les ibadites s'étendaient sur toute la zone berbère du sud de l'île, tandis que les malékites se concentraient au nord-est de l'île. L'architecture des mosquées diffère selon le rite pratiqué par leurs fidèles. De nos jours, les différences de rites sont estompées : c'est surtout lors de grands évènements tels les mariages, que certaines traditions réapparaissent, bien vivantes !

Entrée d'une mosquée souterraine.

Intérieur de la synagogue.

SYNAGOGUE - COMMUNAUTÉ JUIVE

La communauté juive serait arrivée à Djerba après la destruction du temple du roi Salomon à Jérusalem par Nabuchodonosor en 586 av. J.C. Ils vivent depuis des millénaires dans les villages de Hara Kbira et Erriadh (carte B2).

Certaines pierres du temple détruit auraient servi à la construction de la synagogue de Djerba. Elle a été reconstruite en 1920. La synagogue conserve dans ses murs l'une des plus anciennes Thora du monde. Ce haut lieu du judaïsme donne lieu chaque année, autour du 33ème jour de la Pâque juive, à un pèlerinage où affluent les pèlerins de toute l'Afrique du Nord.

Dans la synagogue, d'humbles vieillards lisent, chantent et commentent la Thora. Les effluves d'encens, le décor très oriental de faïences émaillées, de vitraux aux couleurs chatoyantes inspirent au recueillement.

Dans la synagogue, d'humbles vieillards lisent, chantent et commentent la Thora.
Aquarelle de Béchir Kouniali.

■ ***Coup de cœur !***

la place de l'Indépendance est bordée d'échoppes aux murs blancs et aux portes et fenêtres d'un bleu éclatant. Cette placette est située en plein centre du village d'Erriadh. Il fait bon s'y attarder. On y trouve l'épicier, le tailleur, le légumier, le quincailler... Laissez-vous bercer par le charme du lieu !

Architecture traditionnelle

Architecture traditionnelle

MENZEL

CARAVANSERAIL

BORDJ

ATELIER DE TISSAGE

HUILERIE

PUITS

Un menzel.

MENZEL

L'île-jardin était une véritable forteresse : mosquées et habitations fortifiées, haies et chemins intervenaient dans le système défensif de l'île. Tout le long du littoral, de petites tours à coupole blanche assuraient la surveillance des abords de l'île. En cas de danger, des messages lumineux étaient transmis vers les mosquées, les menzel et les tours de guet. Chaque menzel possède un puits, une citerne d'eau, une aire de battage où résonne encore parfois le claquement des sabots des mulets qui séparent le grain.

Le menzel représente l'habitat traditionnel de l'île de Djerba. C'est une petite exploitation agricole familiale capable de subsister en autarcie. Le terme menzel désigne la maison (houch) et son jardin irrigué (senia). A partir des puits, les canaux d'irrigation (seguia) alimentent en eau la moindre parcelle du jardin. La culture maraîchère (tomates, courgettes, piments, oignons, carottes, aubergines, persil...) est dominante avec quelques arbres fruitiers (grenadiers, pommiers, amandiers, abricotiers, figuiers, citronniers,

Détails architecturaux d'un menzel.

orangers...) aux senteurs mielleuses, à découvrir surtout dans le secteur de Mahboubine. On trouvait également dans chaque "menzel" 5 ou 6 brebis, 2 ou 3 chèvres, 1 ou 2 chameaux...

Des chemins labyrinthiques (jeda), bordés de hauts murets de terre battue (tabia), relient les menzel entre eux. De l'extérieur, le menzel apparaît comme une forteresse carrée, sans fenêtres, flanqué aux quatre coins de tours d'angles appelées "ghorfa". Les murs sont badigeonnés en blanc, à la chaux grasse. L'architecture des menzel est sobre. Les lignes pures mêlent harmonieusement coupoles, cheminées, toits en terrasse et voûtes en berceau. La charpente des menzel se compose de troncs de palmiers secs, sciés dans le sens de la longueur : on les appelle "sannour". Algues sèches, argile mêlée de petites pierres, mortier sont utilisés dans la construction du toit.

A l'intérieur, la cuisine, les entrepôts, les chambres, le séjour s'articulent autour d'une cour spacieuse. Le mobilier, très simple, se compose de nattes en alfa, de tapis aux couleurs chaudes, de coffres en bois peint pour ranger les vêtements. La chambre est rehaussée d'une coupole : de larges bancs en pierre (doukkana) servent de lits. La plupart du temps, le djerbien possède une autre maison, plus petite, indépendante du houch : c'est la maison des invités.

Faïence décorative de style floral située sur le linteau d'une porte.

Porte d'entrée en bois peint d'un menzel.

Menzel, flanqué aux quatre coins de tours carrées appelées "ghorfa".

■ *Où découvrir les menzel ?*

Un peu partout dans la campagne djerbienne, mais plus spécialement dans la région de Midoun-Mahboubine. Voir p. 86-91, itinéraire "chemin des menzel".

CARAVANSÉRAIL OU FONDOUK

Porte à l'intérieur d'un caravansérail.

Les caravansérails ou fondouk étaient des "auberges" dans lesquelles les caravanes de nomades séjournaient. Le fondouk était bâti autour d'une cour spacieuse entourée d'un portique à double étage. Les animaux de bât (dromadaires, chevaux) étaient installés au rez-de-

Façade d'un fondouk.

chaussée, et les nomades dans les "ghorfa" (chambres au 1er étage). Les plus anciens fondouk ont plus de trois siècles d'existence. De nos jours, certains ont été transformés en hébergement : hôtels ou auberges de jeunesse visibles dans le centre d'Houmt Souk.

■ Djerba : plaque tournante des échanges.

L'île était la plaque tournante des échanges entre l'Afrique et la Méditerranée : les caravanes de nomades se rendaient sur l'île en empruntant le "Trik-El-Jemal" (la route des chameaux) qui reliait l'île au continent. Ivoire, œufs et plumes d'autruches, peaux de bêtes, or, arrivaient du continent. Toutes ces marchandises étaient entassées dans ces "hôtels-entrepôts" avant d'être vendues ou échangées contre huile d'olive, sel, poissons séchés, tissus aux reflets brillants, fruits.

Les plus anciens fondouk ont plus de trois siècles d'existence.

■ *Où découvrir les caravansérails ?*

Dans le centre d'Houmt Souk (près de la Mosquée des Turcs).

Accès au Bordj El Kébir à Houmt Souk.

BORDJ

■ Bordj El Kébir

La forteresse de Bordj El Kébir, appelée aussi Bordj Ghazi Mustapha ou Fort Espagnol fut bâtie par les hafsides au XVe siècle. Le Bordj se situe en bordure de mer. Il couvre l'emplacement d'un ancien fort romain. En 1560, le corsaire Dragut accompagné d'une flotte turque fit son apparition devant l'île occupée par les espagnols. Le siège de la forteresse allait durer du 11 Mai au 31 Juillet 1560. Les espagnols, plusieurs milliers, qui s'étaient laissés enfermer dans la forteresse, privés d'eau furent finalement vaincus. L'assaut donné par les Turcs et par Dragut fit 5 000 à 6 000 tués. Dragut fit élever, après sa victoire, le Bordj er Rouss : la tour des crânes, macabre commémoration de sa victoire. Elle fut détruite sur l'ordre du Bey de Tunis en 1848. Un petit monument a été élevé à sa place, près du port.

■ Bordj Castil

Le Bordj Castil fut bâti au XIIIe siècle par Roger de Loria, roi de Sicile, à l'extrémité de la presqu'île de Bine El Oudiane, au sud de l'île. Il y plaça une forte garnison et les habitants de l'île furent soumis à un impôt annuel écrasant de 100 000 pièces d'or.

■ Bordj Jillij

Le Bordj Jillij est situé sur un versant rocheux à la pointe nord-ouest de l'île, près de l'aéroport de Mellita. Ali Pacha y fonda en 1745 un Bordj sur les restes duquel a été construit le phare actuel. Le coucher de soleil ici est magnifique. On aperçoit à quelques dizaines de mètres du rivage les *"zribas"* (pêcheries fixes : voir p 60).

Coucher de soleil au Bordj Jillij à la pointe nord-ouest de l'île.

Barques de pêche au Bordj Jillij.

Un atelier de tissage.

ATELIER DE TISSAGE

L'architecture de l'atelier de tissage est très originale à Djerba, unique en son genre. L'atelier se compose d'une pièce longue et étroite en demi-voûte, en partie enfoncée dans le sol afin d'y maintenir une température agréable, été comme hiver. Une porte entourée de deux petites fenêtres et surmontée d'un fronton triangulaire marque l'entrée.

La poussée des arceaux est contenue par des contreforts, le long des murs, à l'extérieur. Parfois la voûte est remplacée par une série de "voûtelettes", caractéristique des ateliers les plus anciens. L'intérieur est assez sombre. Deux, quatre ou six métiers à tisser sont répartis sur deux rangées, avec un étroit passage au centre.

Plusieurs ateliers de tissage.

Parfois la voûte est remplacée par une série de "voûtelettes".

■ Le métier à tisser

Le métier à tisser est fabriqué en bois du pays : olivier et palmier. Chaque jour, le tisserand lance la navette à la main, sa course est souvent très longue. Bras, jambes, bassin participent d'un même rythme "musclé" à la confection de couvertures, tentures et burnous.

L'intérieur de l'atelier avec les métiers à tisser.

■ *Où découvrir les ateliers de tissage ?*

De nombreux ateliers sont répartis sur l'ensemble de l'île. Vous pourrez admirer leur architecture. La plupart ne sont plus en activité mais au hasard de vos rencontres, peut-être aurez-vous la chance d'y voir travailler le tisserand. Bel ensemble d'ateliers sur la route qui va de Houmt Souk à l'aéroport, à environ 3 km du centre ville, ainsi que dans le quartier Taourit (en partant de l'agence Europcar, dans le centre ville).

Extérieur d'une "mâasera" (huilerie).

HUILERIE

Le sous-sol de Djerba est truffé d'une multitude d'huileries souterraines. Dans l'antiquité, l'huile, utilisée pour l'éclairage à Rome, constituait une richesse importante pour l'île. L'huilerie souterraine est signalée à l'extérieur par une coupole basse, blanchie à la chaux, de quatre à cinq mètres de diamètre. On pénètre au cœur de la *"maasera"* (huilerie) par un long couloir bordé de grandes auges contenant les olives apportées par chaque famille. Les olives sont déversées depuis l'extérieur par des ouvertures au plafond. Une grande salle circulaire, cœur de la *"maasera"*, située sous la coupole, abrite les meules utilisées pour le broyage. Deux massives pierres, en forme de tonneau, parfois des vestiges de colonnes

Jarres en terre cuite utilisées pour le stockage de l'huile.

Deux pierres massives, parfois vestiges de colonnes antiques.

antiques, roulent autour d'un axe dans une cuvette circulaire gorgée d'olives. Les meules sont entraînées par un chameau ou un âne qui tourne sans faillir. La pâte obtenue est placée dans des scourtins en alfa, les *"chamia"*, qui passent ensuite sous la presse à vis composée de deux troncs de palmiers et entraînée à bras d'homme. L'huile suinte au travers des *"chamia"* et s'écoule lentement dans une grande jarre enterrée où le *"marjin"* (déchets) est séparé sous l'effet de la gravité. Les familles, propriétaires des olives, viennent ensuite récupérer l'huile stockée dans des jarres. Les huileries anciennes sont progressivement remplacées par des huileries modernes.

En Egypte antique, un sac contenant les olives était placé dans une auge de bois. Le sac d'olives était alors foulé par des hommes chaussés de sandales à semelles de bois. Du sac ainsi comprimé et malaxé, perlaient de fines gouttes d'huile au reflet doré et couleur miel.

Pourquoi les "maasera" sont-elles souterraines ?

La séparation de l'huile du *"marjin"* (déchets) nécessite une atmosphère tempérée. Le sous-sol, en hiver, dégage la température idéale à cet effet.

Huilerie souterraine de Midoun, place du marché.

■ *Où découvrir les huileries ?*

- Un peu partout sur l'île.
- Sur les itinéraires "chemin des menzel" p 86-91 et "chemin des vergers" p 92-97.
- A Midoun, sur la place du marché, huilerie souterraine restaurée.

PUITS

Magnifique puits restauré.

Une pluviométrie annuelle réduite, l'absence de sources d'eau et les nombreuses nappes aquifères (de nos jours bien appauvries) expliquent la densité de puits sur Djerba. L'eau douce, très rare, voisine avec une eau plus saumâtre, impropre à la consommation. Parfois sous l'effet de l'excès de puisage, l'eau douce de certains puits devenait saumâtre. L'homme devait alors creuser à nouveau le sous-sol à la recherche de nouveaux points d'eau douce. De nos jours, l'eau est directement acheminée depuis le continent par canalisation via la chaussée romaine. Quelques puits sont encore utilisés, mais le pompage électrifié a remplacé le travail du dromadaire.

■ Puisage

Laissez vagabonder votre imagination : n'entendez-vous pas le grincement de la poulie (jarara) au rythme lent du dromadaire ou de l'âne qui tire la corde afin de remonter le "*dalou*" (outre en cuir) ? Un plan légèrement incliné, étroit et tout en longueur, vient dans l'axe du puits. Sa surface incurvée témoigne des passages répétés de l'animal à la descente, lorsqu'il tirait hors du puits le "*dalou*" rempli d'eau, ou à la montée, lorsque vidé de son contenu, le "*dalou*" plongeait à nouveau dans la fraîcheur du puits à la quête du précieux liquide. Petite astuce : la course de l'animal est égale à la profondeur du puits.

Poulies d'un puits.

■ **Système d'irrigation**

Le système d'irrigation est simple et pratique. Après le puisage par le système du *"dalou"*, l'eau s'achemine vers le bassin de réception (hijr) avant d'atteindre le bassin d'accumulation. Une fois rempli, le bassin est débouché, l'eau ruisselle dans les canalisations (seguia) appelées ici *saroutes* puis caresse de son reflet argenté les terres légumières et fruitières.

L'eau ruisselle dans les canalisations (séguia).

Puits dans son écrin de verdure.

■ **Eau : véritable enjeu à Djerba**

En 1510, 10 000 des 15 000 soldats du duc d'Albe, qui tentaient d'occuper l'île, périrent de soif.

■ **La quête permanente de l'eau explique en partie la densité des mosquées sur l'île :**

Jeannine Berebi, dans son ouvrage "les mosquées de Djerba" nous donne l'explication suivante :
Si le puisatier découvrait un point d'eau douce, la communauté s'installait à l'endroit et construisait sa mosquée. La population augmentant, on creusait un deuxième puits, puis un troisième, etc. Brutalement, l'eau de l'ensemble des puits devenait saumâtre par l'effet d'un excès de puisage. L'ensemble de la communauté se déplaçait vers un autre point d'eau douce, emportant tentes et cheptel.

Puisage au début du siècle.

■ ***Où découvrir les puits ?***

L'île compte environ 2500 puits.
Bel ensemble de puits avec leur système d'irrigation et vergers luxuriants sur l'itinéraire "chemin des vergers" p 92-97.
Attention : le sous-sol de Djerba est truffé de puits, pas toujours très bien protégés.

Architecture religieuse

Architecture religieuse

MOSQUÉE

MARABOUT

ZAOUIA

MOSQUÉE

Djerba compte plus de 300 mosquées. Les mosquées diffèrent selon le rite pratiqué par leurs fidèles. A Djerba, les deux rites principaux sont le malékisme (rite orthodoxe) et le wahabisme (rite dissident). La mosquée malékite est coiffée d'un minaret élancé. Le minaret de la mosquée wahabite est bas et surmonté d'un lanterneau. La mosquée est un lieu de prières et d'enseignement du Coran. La mosquée a souvent joué ici le rôle du château fort au Moyen Âge en Europe. Du minaret, on pouvait surveiller l'avancée de l'ennemi. Le lieu de culte devenait alors lieu de refuge : dernier rempart contre l'envahisseur. L'architecture de ces mosquées fortifiées adopte un style sobre, pur et harmonieux, avec des lignes parfaitement intégrées dans le paysage : leur profil se rattache à la ligne d'horizon avec des hauteurs comprises entre l'olivier et le palmier. Salah Eddine-Tlatli disait : "*...même les plus modestes et les plus petites ont la candeur naïve et le charme d'un château de sable, sorti d'un rêve d'enfant...*".

Mosquée de Sidi Jemour sur la côte ouest, derrière l'aéroport.

Mosquée à Houmt Souk.

■ Citerne d'eau

Chaque mosquée possède sa citerne d'eau collective. Les familles qui n'avaient pas de point d'eau douce venaient ainsi puiser l'eau de la citerne pour les besoins de la famille.

■ *Où découvrir les mosquées ?*

On dénombre sur l'île plus de 300 mosquées.
Citons :
- Mosquée Fadlhoun (à 3 km de Midoun en direction d'Houmt Souk).
- Mosquée d'El May de rite wahabite, monument classé, visible de l'extérieur.
- Mosquée Abou Messwer sur la route de l'aéroport, 4 km après le quartier de Bou Mellal.
- Mosquée souterraine. Prendre direction Adjim ; à 6 km avant Adjim, emprunter à droite la piste caillouteuse. Faire environ 300 m.
- Mosquées des Turcs et des Etrangers à Houmt Souk.
- Dans la campagne djerbienne on découvre au hasard des pistes de nombreuses mosquées.

Djerba compte plus de 300 mosquées.

Un marabout.

MARABOUT

■ Anciennes tours de guet

On découvre dans la campagne djerbienne de petites constructions abritant le tombeau d'un marabout (saint homme). Marabout est le nom donné à l'édifice et également au saint homme.
L'édifice repose sur une base carrée, coiffée d'une coupole représentative de la voûte céleste et de l'au-delà. Il se limite souvent à une seule pièce.
Le marabout ou saint (sidi) était un homme admiré pour sa charité, sa science religieuse et ses dons de guérisseurs. A l'origine dénommé *"morabit"*, c'était un homme pieux chargé de la défense du pays. Véritable ermite, il consacrait de longues heures à la prière tout en surveillant les abords de l'île. Il émettait depuis l'édifice des signaux lumineux à la moindre alerte. On lui reconnaissait le don de faire des miracles.

■ Lieu de culte

Transformé de nos jours en lieu de culte à la mémoire du saint homme, les habitants des villages voisins y viennent chaque année en pèlerinage. La lueur des bougies, les parfums d'encens, accompagnent en ces lieux les rites de prosternation. L'islam sunnite tolère ces pratiques.

■ La légende du marabout Sidi Satouri

Une légende populaire rappelle que dans les temps anciens, sur une petite colline située au sud de Mahboubine, vivait un saint homme appelé Sidi Satouri. Cet homme pieux était doté de pouvoirs surnaturels : on le disait capable de transformer l'eau en glace ! Un jour, alors qu'il faisait sa prière, le cortège d'une mariée passa près de lui. Ne voulant pas être interrompu dans sa méditation, il fit signe au cortège de stopper sa marche. Indifférent à sa demande, le cortège continua son chemin. De colère, le marabout aurait alors immobilisé le cortège de noces en transformant les personnages en blocs de pierre. On peut ainsi voir, de nos jours, à proximité du marabout de Sidi Satouri, des alignements de pierres pointues qui témoigneraient de cette histoire !...

Zaouïa près de la mosquée des Turcs.

ZAOUÏA

Parmi les autres édifices religieux, citons la zaouïa. Cette construction plus imposante que le marabout, était le siège de confréries ou de sectes religieuses. La zaouïa est bâtie autour du tombeau d'un saint homme. Elle tenait le rôle d'école *"medressa"* : lieu de prières et d'enseignement. Cet édifice est devenu de nos jours lieux de culte. La zaouïa est dotée d'une cour centrale autour de laquelle s'articulent la salle sépulcrale, un oratoire, une salle d'ablutions, des petites chambres destinées aux visiteurs et aux étudiants. Marabout et zaouïa participaient dans le système défensif de l'île au même titre que les menzel et les mosquées. Ils formaient une couronne d'observatoires. Ces édifices sont désormais voués à la mémoire de l'homme pieux qui consacra sa vie à surveiller les côtes menacées par les corsaires.

■ *Où découvrir les marabout ?*

Le long des côtes (côte ouest) et dans l'intérieur de l'île. Voir itinéraires p 86-91 "chemin des menzel" et p 98-103 "chemin des palmeraies".

■ *Où découvrir les zaouïa ?*

Le Musée des Arts et Traditions Populaires à Houmt Souk (voir p 79 Houmt Souk) est aménagé dans une ancienne zaouïa.

Traditions populaires

Traditions populaires

COSTUMES

BIJOUX

MUSIQUE ET DANSE

TISSAGE

COSTUMES

Chaque région a son costume traditionnel. Dans les régions rurales du sud, on trouve le costume drapé, tout droit hérité de l'antiquité.
Les djerbiennes, sous leurs chapeaux en palme tressée, s'enveloppent de voiles aux couleurs qui varient en fonction de l'origine géographique de la femme (djerbienne d'origine ou nomade sédentarisée). On les croise parfois dans la campagne, revenant du puits, la cruche sur l'épaule, ou sur les marchés colorés d'Houmt Souk, de Midoun, Sedwikech...

"Fouta" : voile blanc avec rayures verticales en soie orangée.

■ Costumes des hommes :

- "kadroun" : tunique en laine avec capuchon pointu, pour l'hiver ;
- "blousa" : tunique généralement en lin pour l'été, de couleur grise ;
- "burnou" : vêtement de laine, sans manche, avec capuchon et servant de manteau ;
- "seroual" : culotte bouffante ;
- "chechia" : bonnet de laine rase rouge ou blanc cassé.

■ Costumes des femmes :

Femmes dans la campagne djerbienne.

- "houli" ou "hrem" : nom donné au drapé dans lequel s'enveloppent les femmes. Le terme "houli" est surtout employé par les nomades venus du Sud (Tatatouine) et qui se sont sédentarisés sur l'île apportant leurs rites et leurs costumes traditionnels. Les accessoires, tels que les broches de fixation (bijoux) servant à accrocher le drapé du costume, sont eux aussi différents, en fonction de l'origine géographique de la personne : une seule broche maintient le drapé des femmes djerbiennes d'origine et deux broches pour le drapé des nomades sédentarisées, originaires des régions du Sud de la Tunisie (secteur de Tataouine) ;
- "fouta arbi" ou "melhafa" : costume traditionnel des femmes du sud, porté avec le "hzam" (ceinture de laine blanche) et le "bakhnûg" (tissu en laine qui enveloppe la chevelure, essentiellement porté par les femmes âgées ou dans la fraîcheur de l'hiver) ou le "tarf" (voile tissé enveloppant la chevelure, surtout porté par les jeunes filles) ;
- "houli djerbi" : tissu aux quadrillés jaunes, rouges, violets avec broderies de fils d'or et d'argent (typiquement djerbien) ;
- "fouta" : costume de Midoun ou Mahboubine (voile blanc avec rayures verticales en soie orangée). Un ruban de tissu fin, coloré, noué autour du cou, ajuste le drapé. Souvent un chapeau en palme tressée (pétase ou mdhala) vient compléter la tenue ;
- "pétase" : chapeau en palme tressée, pointu, d'origine grecque ;
- "mdhala" : chapeau en palme tressée, porté aussi bien par les hommes que les femmes (de forme aplatie).

"Biscri" : pièce vestimentaire aux teintes chatoyantes portée par la mariée.

Tissus brodés de fils d'or, d'argent et de soie lumineuse.

Tous les bijoux ont une valeur prophylactique.

BIJOUX

Les bijoux s'ornent de motifs symboliques que l'on retrouve dans les mosaïques romaines (ex : le poisson). Les bijoux ourlent le front, les oreilles, le cou, le buste, les poignets, la taille, les chevilles des femmes. De Tunis à Tataouine, de Gafsa à Sfax, les influences turques, européennes, égyptiennes, syriennes, algériennes modèlent des bijoux qui vont de la fine parure en or, à la parure plus massive de type bédouin en or ou en argent ciselé ; sans oublier les élégants bijoux en argent dorés d'émaux rouges, verts et bleus, bijoux rehaussés ou non de perles ou de coraux. Tous ces bijoux ont une valeur prophylactique. Ils se composent en général de 5 motifs symboliques (poisson, main, lune...), le chiffre 5 étant un symbole de protection.

■ Les bijoux juifs émaillés

Les artisans-bijoutiers de Djerba excellent dans l'ornement des bijoux en argent dorés d'émaux.

■ La dot de la mariée

Autrefois, seule la femme mariée portait des bijoux. Ils lui avaient été offerts par son mari à l'occasion de la cérémonie. Ils constituaient la dot (mahr) de la mariée, et en quelque sorte une assurance en cas de divorce.

Femme parée de ses bijoux
Aquarelle de Béchir Kouniali.

■ *Où voir les bijoutiers ?*

Dans les ruelles sinueuses des souks de Midoun et rue des bijoutiers à Houmt Souk (rue perpendiculaire à la rue Bizerte).

MUSIQUE ET DANSE

Musiciens tabbala - Aquarelle de Béchir Kouniali.

■ Les awwâda

Très populaires, les awwâda (ensemble de variétés composé de danseurs et chanteurs), se produisent lors des fêtes de familles ou dans les cafés. Les danseuses du ventre balancent les hanches au rythme des *çajât* (petites cymbales en cuivre fixées aux doigts par un élastique).

■ Le maloûf

Le maloûf est une musique arabe classique dite d'origine andalouse. Elle s'est développée à partir du VIIIe siècle. Cette musique comprend treize *nawba* (pièces musicales) où résonne le son des tambours, vielle et luth maghrébins, petites timbales, cithare, darbouka.

■ Danses collectives

Parfois, durant les mariages, les musiciens-danseurs "tabbala" d'origine africaine, descendants des anciens esclaves, dansent et chantent. Leurs danses, appelées "danse de gougou" sont spectaculaires : danse imitant un duel au sabre, danse de la chevelure pratiquée à genoux.

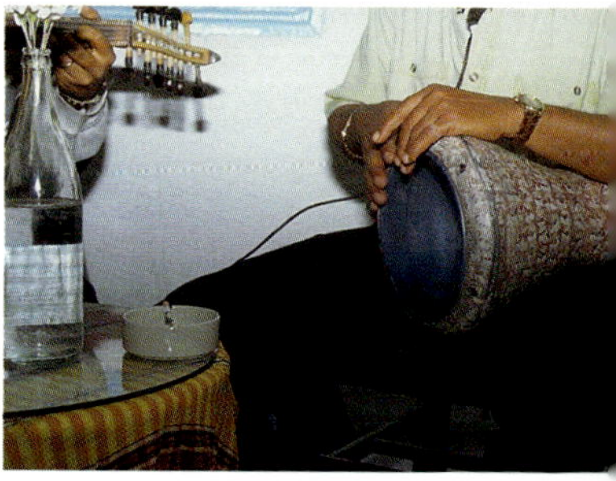

Darbouka.

■ Autres danses

Des danses, d'origine rurale, à la fois rythmées et langoureuses, s'articulent autour des mouvements des mains, des hanches et des pieds. La darbouka (percussion) et le mizwid (sorte de cornemuse) marquent le rythme.

■ Où voir le folklore ?

- La plupart des hôtels organise des soirées folkloriques.
- Festival Fantasia à Midoun : tous les mardis après-midi.
- Soirées animées dans certains restaurants tel le restaurant Haroun sur le port d'Houmt Souk.
- Et peut-être, qui sait, aurez-vous la chance d'être invité à une cérémonie de mariage : les musiciens Tabbala y apportent une ambiance particulièrement chaleureuse.

TISSAGE

Le tissage des tapis est une activité exclusivement féminine.

L'Egypte est le berceau de cette activité millénaire transmise par les caravanes de nomades. A Djerba, le tissage est devenu rapidement la base de la prospérité de l'île.

Les ateliers de tissage à l'architecture très caractéristique (voir p 38-39 "atelier de tissage") ponctuaient la campagne djerbienne. Le tissage était alors une activité d'appoint essentiellement familiale. On produisait burnous, kadrouns, couvertures à usage familial. La vente était très locale. En marge de cette activité familiale et rurale, les zones urbaines ont développé une activité de tissage plus concentrée avec des ateliers groupés où l'on produisait exclusivement pour la vente : couvertures brodées (ferrachia) et tapis. L'Office National de l'Artisanat Tunisien (O.N.A.T.) contrôle et garantit la production.

Les prix des tapis sont fixés en fonction de la qualité de la laine : l'Office National de l'Artisanat Tunisien (O.N.A.T.) contrôle et garantit la production.

Le tissage des tapis est une activité exclusivement féminine. Les hommes se chargent du tissage pour les pièces vestimentaires et les couvertures. La matière première du tissage est la laine qui provient du sud et du centre tunisien. Le coton et la soie apparaissent surtout dans la confection des pièces vestimentaires. Ce sont les femmes qui se chargent du lavage et du filage de la laine. Dans cette île pauvre en eau, le lavage se fait directement à l'eau de mer.

■ Le souvenir du chant des fileuses flatte l'esprit des vieux djerbiens

Anâ çoûfi wel-h'oût alîhâ !
Moi, ma laine, le poisson dessus !

Ben çalâh istenna fiha,
Ben Salah l'attend,

Mor' zel mâ çâr !
Fuseau sans égal !

ou nerbah' fihâ elf ryâl.
Je gagnerai sur elle mille réaux.

■ On trouve quatre sortes de tapis :

- les zerbia, tapis à points noués en haute laine aux bruns rouge dominant, originaire de Kairouan ;

- les alloucha datent du début du siècle, aux teintes naturelles comme le brun, le blanc ou le noir ;

- les mergoum, pièces tissées dont les motifs géométriques aux coloris variés alternent avec des rayures unies ;

- dans le Sud, on tisse des kilims aux larges rayures unies, aux teintes virant du noir au brun.

Le prix des tapis est fixé en fonction de la qualité de la laine, des motifs et du serrage des points. En ce qui concerne les tapis de haute laine, la qualité est fonction du nombre de points au mètre carré : de 40 000 à 160 000 pour les plus serrés.

■ *Où voir le travail du tissage ?*

- A Houmt Souk ou ailleurs dans l'île, les magasins de vente de tapis proposent en général des démonstrations de tissage.

- Certains des ateliers de tissage, typiques avec leur fronton triangulaire, sont encore en activité. Peut-être aurez-vous la chance, aux hasards de vos rencontres, d'admirer la dextérité du geste du tisserand confectionnant couvertures, burnous ?...

Métiers

Métiers d'hier à aujourd'hui

LE DJERBIEN

LES SOUKS

LE POTIER

LE PECHEUR

LE TISSERAND

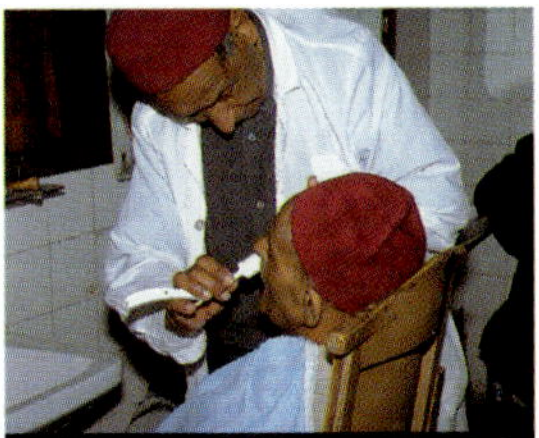
LES AUTRES METIERS

LE DJERBIEN VOUS EST CONTÉ

Djerbien avec la chéchia.

L'histoire de l'île a façonné le caractère du djerbien. Il possède une nature calme, un esprit imperturbable, une "sobriété de goûts, de gestes, de paroles". Le djerbien charme par sa courtoisie et son amabilité. Conservateur, fidèle aux traditions, il aspire a une vie simple, sobre et tranquille qu'il construit "pierre par pierre" au sein du cocon familial. Le djerbien est individualiste, acharné à préserver sa vie privée. Avant de se consacrer quasi exclusivement au commerce, la population djerbienne était rurale, vivant du travail de la terre et exerçant un artisanat "occasionnel" (hors saison des travaux agricoles) fait de tissage, de vannerie : un artisanat qui se limitait en général aux besoins de la famille. Si vente il y avait, celle-ci demeurait très locale. On rencontre toujours sur l'île de ces agriculteurs "fellah".

Un artisan-vannier.

LE DJERBIEN ET LE COMMERCE

A noter l'exceptionnelle réussite des djerbiens dans le secteur du commerce et des affaires. Le djerbien est acharné au travail et il a le sens du profit. Le djerbien possède une aptitude innée au négoce, on le retrouve d'ailleurs très présent hors des frontières de son pays. Citons cette anecdote très révélatrice du caractère "volontaire et obstiné" et surtout commerçant du djerbien, relatée par **R. Stablo** dans son ouvrage "les djerbiens" :

"... Elle nous fut contée par l'instituteur d'un des petits villages berbères du sud de Djerba : un de ses élèves, âgé de 10 ans, montrait pour l'arithmétique, une aversion obstinée. Il allait ânonnant sans cesse des chiffres qu'il ne parvenait pas à aligner correctement. Mais, la classe finie, le gamin, fils d'un épicier du lieu, se hâtait de reprendre sa place derrière le comptoir paternel. Là, tel un phénix, il se mettait à additionner, à soustraire, à multiplier mentalement avec une rare aisance, nombres entiers et décimales, pour réclamer finalement, en échange de la marchandise vendue, la somme rigoureusement exacte à son client... l'instituteur !..."

Calendrier des travaux agricoles :

- Octobre à novembre : labours puis semailles.

- Début décembre jusqu'à fin janvier : cueillette des olives.

- Fin janvier à fin avril : c'est la morte saison agricole, le djerbien-agriculteur (fellah) se consacre à l'artisanat, au tissage et à divers petits travaux.

- Fin avril : nettoyage, taille des oliveraies.

- Début mai : moissons, battages.

Les moissons (mois de mai).

La dextérité de l'artisan.

Fabricant de chaussures traditionnelles à Houmt Souk : "Création Slah" passage des Antiquaires.

Forgeron devant son atelier à Houmt Souk.

LES SOUKS

Depuis des siècles, les souks aux ruelles sinueuses, en partie couvertes (souk "Errbâa" à Houmt Souk), bordées de boutiques étroites et profondes, sont le fief des tisserands, tailleurs, bijoutiers, tanneurs, brodeurs, graveurs de cuivre, marchands de tapis, de cuir et parfums. Les autres corporations sont reléguées aux portes de la ville. Les marchands de tissu ornent les murs de leurs boutiques d'étoffes chatoyantes, brodées de fils d'or, d'argent et de soie lumineuse. L'air embaume les parfums sucrés et boisés, les mélanges d'aromates poivrées, pimentées. Le promeneur se fraie avec difficulté un passage parmi les marchandises variées et la foule colorée des jours de marché.

Le promeneur attentif et curieux remarquera, en déambulant dans Houmt Souk, la configuration de ces "strates corporatives" : cette concentration des métiers "nobles" au cœur du souk, et des métiers plus "ordinaires" et surtout plus bruyants (forgeron, chaudronnier, menuisier...) aux portes de la ville.

M. Abdelaziz tient une boutique d'artisanat au 99, av Habib Bourguiba à Houmt Souk, près de l'O.N.A.T.. Adresse recommandée, les prix y sont très raisonnables.

Des chéchia multicolores - Souk Errbâa à Houmt Souk.

LE POTIER

"Sur tous les chemins de Djerba, entre les remblais sablonneux, crêtés de petits agaves pourpres, circulent des chameaux, portant un faix énorme et vain : la grosse grappe de jarres sonores. Que s'élève la brise favorable et vous verrez cingler vers les ports du continent plus de vingt balancelles, chargées jusque sous la voilure : c'est la vendange de Guellala qui voyage au péril des eaux, les beaux fruits d'argile, les poteries non vernissées..."

G. Duhamel "Prince Jaffar"

L'art du modelage.

"...L'argile a la couleur du miel ou de notre désert..." explique Fethi Ben Aissi, potier à Guellala. Les potiers de Guellala constituent sans doute l'une des plus anciennes corporations artisanales du monde. Il ne reste à l'heure actuelle que 35 à 40 potiers à Guellala contre 350 à 400 au plus fort de la production.

A Guellala, les potiers pétrissent, tournent et modèlent depuis des siècles, avec art, l'argile des collines avoisinantes. Après un court séjour dans l'eau de mer qui lui donnera toute sa blancheur, l'argile modelée donne naissance aux énormes jarres non vernissées, d'une belle couleur ocre, servant à stocker l'huile et les provisions, à des poteries rustiques d'usage utilitaire, et à des objets artistiques.

L'isolement thermique est assuré par la couche de grosses jarres qui tapisse les parois extérieures du four.

■ Les fours de potiers

Les fours de potiers seraient apparus entre 1500 et 1300 av. J.C. Les fours (en berbère : "*tforent*") demeurent très primitifs. Ils sont creusés dans la terre pour conserver au mieux la chaleur. L'isolement thermique est assuré par la couche de grosses jarres qui tapisse les parois extérieures du four. En forme de demi-sphère, le toit est surmonté de la cheminée. Le préchauffage du four commence de longues heures avant la cuisson. On débute à feu doux avec des bûches d'oliviers, ensuite on alimente le foyer à grand feu avec branchages d'oliviers et palmes.

■ Les tours

L'introduction du tour sur Djerba date du IIIe millénaire av. J.C. Pour modeler l'argile, le potier utilise des tours très primitifs, qui n'ont pratiquement pas ou peu évolué depuis la préhistoire. Il y accède en s'aidant d'une corde suspendue au plafond. Ce dernier est composé de troncs de palmiers et de débris de grosses jarres. Le tour (en berbère : "*taïena*", en arabe : "*jarara*") se compose de deux plateaux circulaires fixés autour d'un axe vertical. Le potier actionne son tour en imprimant un mouvement rotatif, avec les pieds, au plateau inférieur.

■ Les galeries d'extraction

L'argile en berbère : *"taghouri"* est extraite de longues galeries très étroites *"ghiran"* qui peuvent s'enfoncer à plus de 80 mètres dans les marnes gypseuses des collines de Guellala. Pour procéder à l'extraction, l'ouvrier a peu de place. Il doit accomplir cette tâche à quatre pattes, le manque d'air est parfois suffocant. L'ouvrier remonte sur son dos le couffin rempli d'argile jusqu'à la surface. Autrefois, le transport de l'argile s'effectuait à dos de dromadaires. De nos jours, les véhicules motorisés ont pris le relais.

L'art du modelage.

L'argile modelée donne naissance aux poteries non vernissées, d'une belle couleur ocre.

"L'argile a la couleur du miel ou de notre désert" explique Fethi Ben Aissi, potier à Guellala.

■ *Où découvrir le travail des potiers ?*

- Dans le petit village de Guellala au sud de l'île, sont installés nombreux artisans et petites échoppes.

- Petite halte conseillée chez le potier Fethi Ben Aissi, à la sortie du village, sur la route d'Adjim.

LE PÊCHEUR

On pêche à Djerba : éponges, oursins, pageots, mulets, rougets, mérous, poulpes... Pour pêcher ces derniers, on utilise une technique très ancienne. Le pêcheur dépose sur les hauts-fonds les gargoulettes (petites poteries coniques) attachées par une corde. Les poulpes, croyant trouver un refuge paisible, s'y engouffrent. A l'aube, le pêcheur les ramasse.

La pêcherie fixe

Autre technique de pêche : la pêcherie fixe. C'est une formule de pêche très originale, unique en son genre, et présente le long des côtes de Djerba. Une haie de palmes, formant un barrage, est plantée dans la vase des hauts-fonds. Cette haie stoppe le poisson. Le courant l'entraîne ensuite jusqu'à un "*drina*" ou nasse, que le pêcheur viendra récupérer à l'aube.

Une nasse (drina).

La criée aux poissons

Le poisson pêché est vendu à la criée, par chapelet, sur le marché d'Houmt Souk. Depuis des temps reculés, les crieurs, perchés sur des chaises hautes, mettent aux enchères ces guirlandes de poissons.

Pêche à l'éponge

Dans le golfe de la petite Syrte, le brassage des fonds marins dû aux marées a favorisé le développement de la faune aquatique dont les bancs spongifères (éponges), très présents dans le détroit d'Adjim. La technique ancienne de pêche aux éponges est très particulière : le risque est omniprésent, comme nous le relate Salah Eddine-Tlatli dans les années 60, lors d'une sortie en mer avec des pêcheurs d'éponges :

"...Nous côtoyons la ligne gris-mauve des falaises de Djorf qui se détachent en blocs titanesques. Soudain, le "reiss" (patron de l'embarcation) m'appelle pour me montrer un magnifique "tirbes" (éponge en berbère) qu'il vient d'apercevoir sur le fond. La surface de l'eau est sombre, obscure, mais à travers le miroir, simple boîte cylindrique en métal, ouverte à une extrémité et fermée à l'autre par une vitre, la mer a la clarté et la transparence d'un aquarium. Sur le traversin verdâtre, se détachent les touffes épaisses des algues où se fixe la sombre boule de l'éponge.

Eponges pêchées au large d'Adjim.

Un pêcheur raconte :

- nous cueillons deux, trois éponges, parfois nous n'en trouvons point et, bientôt, l'air manque, le sang commence sa tambourinade folle dans les tempes, dans les oreilles, on tire la corde et ceux qui sont restés dehors nous aident à remonter.

- combien de temps restez-vous sous l'eau ?
- trois minutes, parfois davantage, au moment de monter, on s'aperçoit parfois qu'on n'a pas vu une grosse éponge, on veut la cueillir, mais on est exténué, un bourdonnement sourd et on est à demi évanoui. Lorsqu'on sort, on est congestionné, et l'on perd du sang par les oreilles et le nez."

Pêcheur aux éponges au début du siècle.

■ Felouques ou loudes

Ce sont de petites embarcations à faible tirant d'eau, parfaitement adaptées aux hauts-fonds, munies d'une voile blanche fixée sur un mât incliné vers l'arrière. Elles parcourent le golfe de Gabès, des îles Kerkennah à Djerba.

Filet de pêche.

Gargoulettes utilisées pour la pêche aux poulpes.

■ Le symbole du poisson

D'origine phénicienne, le symbole du poisson fut associé par les gens de l'Islam à la main de Fatma, symbole de protection contre le mal. On lui attribue une valeur prophylactique : le poisson protège du mauvais œil. On le retrouve peint parfois sur le linteau de la porte d'entrée, ou représenté au-dessus du berceau du nourrisson, ou en motifs de bijoux.

Felouque dans le port d'Houmt Souk.

■ *Où découvrir les pêcheurs ?*

- Port d'Houmt Souk
- Port d'Adjim
- Bordj Jillij (près de l'aéroport) : petites criques rocheuses qui abritent les barques de pêcheurs et les pêcheries fixes.

A noter : les couchers de soleil sont toujours magnifiques à cet endroit.

Les souks bordés de boutiques étroites et profondes.

LE TISSERAND

Le métier à tisser est fabriqué en bois du pays : olivier et palmier. Il est très rustique. Le tisserand lance la navette à la main, sa course est souvent très longue. Bras, jambes, bassin participent d'un même rythme "musclé" à la confection de chefs-d'œuvre de finesse et d'élégance.

Le métier à tisser est fabriqué en bois du pays : olivier et palmier.

Fethi Melliti dans son atelier de tissage à Houmt Souk.

■ *Où découvrir les tisserands ?*

- A Houmt Souk, dans le souk "Errbâa" (souk couvert), et près de l'hôtel Harisha (fondouk). Une petite visite à l'atelier de Fethi Melliti s'impose :
12, place Aouled Hafoz, à côté du café Riadh (près de l'hôtel Harisha).
Magnifiques tissus traditionnels : fouta, biscri, houli aux couleurs chatoyantes. Démonstration de tissage.

LES AUTRES MÉTIERS

Dans ces petites échoppes étroites : épicier, coiffeur, ferronnier, tailleur, exercent leur spécialité avec beaucoup de chaleur humaine, de passion, avec cette envie de communiquer et d'accueillir qui fait tellement défaut dans notre monde moderne et dit "civilisé", obsédé par la rentabilité. Prenez le temps, caressez du regard ces petits commerces, surprenez un rire, et pourquoi pas échangez simplement et vous verrez remonter les doux instants de votre enfance lorsque vous accompagniez votre mère chez le coiffeur ou chez le tailleur du quartier, et que vous observiez votre entourage, bien sagement installé sur la banquette de la salle d'attente !

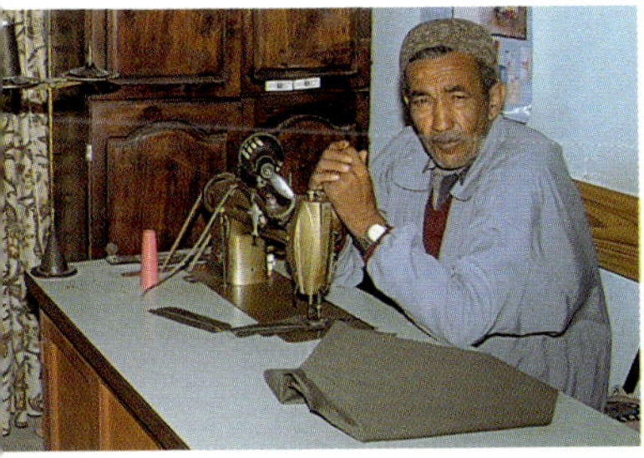

Malgré l'essor international de l'industrie de la confection, le métier de tailleur résiste.

■ Le tailleur

Malgré l'essor international de l'industrie de la confection, le métier de tailleur résiste.
Installé derrière son "immortelle" machine à coudre, le crayon sur l'oreille, le mètre enrubanné autour du cou, la paire de lunettes glissant sur l'arête du nez : c'est bien le tailleur ! Pantalons, chemises, vestes, en coton, en tergal, en laine, rien ne l'effraie, il peut tout confectionner. Les monceaux de tissus empilés dans l'arrière boutique en témoignent. La table où l'on étale le tissu, la main qui dessine les courbes du futur habit, et les clients qui affluent : costume pour un mariage, trousseau de la mariée, paire de draps, blouse, robe, jupe, chemise, pantalon, veste, gilet... les commandes ne manquent pas !
La boutique est minuscule, étroite et profonde comme la plupart des échoppes, même pas gaie d'ailleurs avec son mobilier rudimentaire, mais quel immense savoir-faire ! Quelle gentillesse !

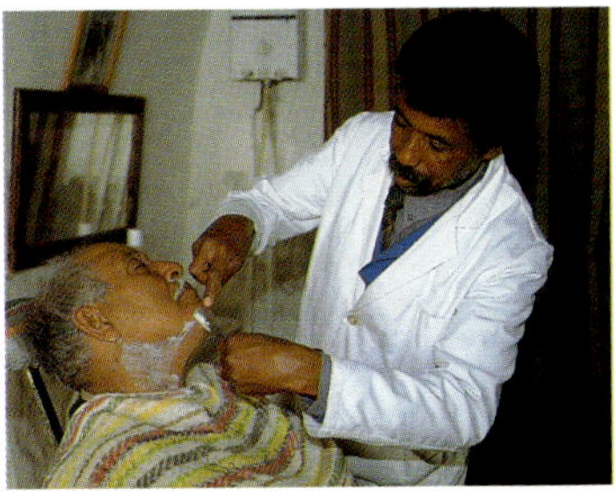

Le roi des ciseaux règne également sur la vie sociale.

■ Le coiffeur-friseur

Le roi des ciseaux règne également sur la vie sociale. Il représente en quelque sorte "l'annexe" du café. On y vient pour se faire faire une coupe ou pour se faire raser de près, mais aussi pour bavarder, échanger, rire tout en sirotant un capucin ou un thé à la menthe. Les ciseaux suspendent parfois leur coupe sur les répliques tendres et drôles de ces héros des feuilletons égyptiens que diffuse la télévision en sourdine. On plaisante alors un peu, puis le cliquetis des ciseaux résonne à nouveau. On croit retrouver l'ambiance chaleureuse et conviviale des salons de coiffure de notre enfance.
Le djerbien soigne son allure, il prendra toujours du temps pour cela.
L'épilation des poils disgracieux du visage par la technique du fil en nylon impressionne autant par la dextérité des gestes du coiffeur que par la crispation du visage du client : "il faut souffrir pour être beau !".

Coiffeur à Houmt Souk

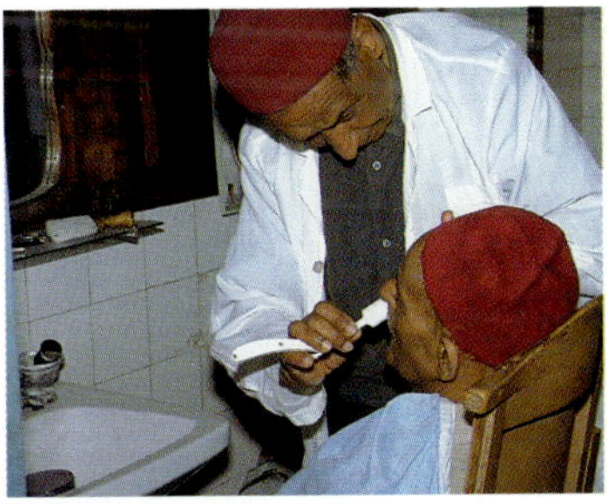

Un cordonnier dans les ruelles d'Houmt Souk.

■ Le cordonnier

Au coin de certaines ruelles du souk, on rencontre ces artisans de la chaussure. Il répare sur le champ nos chers souliers. Habile, efficace, mais aimant aussi la causerie, il prévoit toujours à côté de lui une deuxième chaise. Les passants fatigués ou les nombreuses connaissances aux chaussures "blessées" ne manquent pas d'y faire une petite halte... on rencontre parfois de ces personnes aux pieds temporairement "orphelins" d'une chaussure partie se faire refaire une beauté dans les mains du cordonnier. L'homme à "la" chaussure use en paroles ce qu'il a usé en semelle, mais là notre cordonnier ne peut rien faire pour lui... si ce n'est participer !

Chaque quartier, chaque ruelle à son marchand de fruits secs.

■ Le marchand de fruits secs

Chaque quartier, chaque ruelle a son marchand de fruits secs. En général, on y est fidèle, pourtant on gagne parfois à laisser faire le hasard : on découvre alors des fruits secs aux saveurs incomparables, un véritable délice ! Car la cuisson des fruits secs, c'est tout un art : une juste dose de sel, une cuisson modérée, un brassage constant et voilà l'amande grillée, salée à point, chaude à souhait, qui craque sous la dent et libère toute sa saveur. Graines de tournesol, amandes, cacahuètes, pistaches, noix de cajou... mais également pois chiches... tous ces fruits et légumes secs grillés, à la couleur dorée et au croustillant prometteur : les djerbiens en raffolent ! Au café, dans la rue, à la maison devant la télévision, c'est le petit plaisir local, incontournable. Alors, laissez-vous tenter !

Les fruits secs sont le régal des djerbiens.

■ L'écrivain public

Autrefois c'était la reproduction d'écrits manuscrits, puis la machine à écrire mécanique vint suppléer la plume, suivie de l'informatique. Bilingue arabe et français, l'écrivain public tient une place importante. On fait appel à lui pour la rédaction de contrats, pour les courriers administratifs, d'une manière générale pour tout écrit quel que soit sa nature.

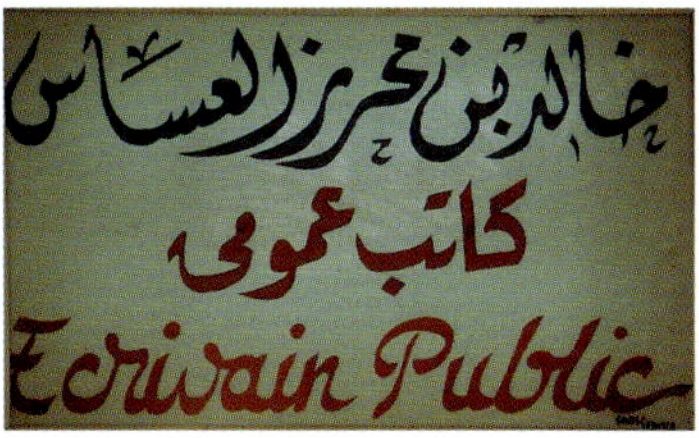

On fait appel à lui pour la rédaction de contrats, courriers administratifs...

Une cascade d'étagères où s'empilent des boîtes colorées et multiformes.

■ L'épicier

La boutique de l'épicier est généralement d'aspect modeste. Elle est toujours abondamment garnie. Une cascade d'étagères où s'empilent des boîtes colorées et multiformes, orne les murs du magasin. La structure est familiale : père et fils y travaillent. Chaque quartier compte plusieurs petites épiceries. Pas de grande surface à Djerba, quelques "moyennes" surfaces en libre service à la mode occidentale font leur apparition, mais les petites épiceries ont encore de l'avenir devant elles. On verra encore longtemps l'image de l'épicier djerbien tranquillement installé derrière son comptoir, de bon matin jusqu'aux heures tardives de la soirée. La balance manuelle avec mesure en poids d'un côté, la calculatrice de l'autre, rarement utilisée d'ailleurs, le djerbien, très bon en calcul, additionne avec une rapidité fulgurante, et sans commettre d'erreur, des montagnes de chiffres griffonnés sur un bout de journal usé ! Etonnant, mais quand on connaît son aptitude innée au négoce, on ne s'étonne plus !

La quincaillerie, rue Bizerte à Houmt Souk. On y trouve de tout !

Vie quotidienne

Vie quotidienne

USAGES

RENCONTRES MARIAGES

HAMMAM

CAFÉS

USAGES

■ Salutations

Avant d'entamer toute conversation, il est d'usage de s'informer de la santé de l'interlocuteur et des membres de sa famille. Amis proches et membres de la famille se saluent en s'embrassant sur les joues, sinon en se serre la main. Beaucoup d'effusions et de chaleur dans les salutations. Les formules habituelles sont :

Ass'lama "Salut", *Besslama* "Au revoir", *Sebah El Kheir* "Bonjour" et *Msa El Kheir* "Bonsoir", *Labès* "ça va", *Chnoua halek ?* "comment ça va ?", *Hamdullah* "Dieu merci", le terme *Mabrouk* est employé pour féliciter quelqu'un d'évènements heureux comme son mariage, l'obtention d'un diplôme ou l'achat d'une maison.

■ En visite et à table

La famille et les amis se rendent souvent visite. Il est d'usage d'offrir à cette occasion à boire et à manger aux invités qui doivent goûter pour ne pas froisser leur hôte. A table, les tunisiens mangent parfois avec les doigts dans un plat commun, utilisant du pain pour prendre les mets ou saucer, mais de plus en plus, les familles mangent avec une assiette et des couverts. L'hôte insiste fréquemment pour que ses invités se servent une deuxième ou une troisième fois. Il serait incorrect de refuser. A la fin du repas, l'expression *Hamdullah* "Dieu merci" témoigne de la reconnaissance de l'invité et du plaisir ressenti.

La Jahfa ou "rapt" de la mariée - Aquarelle de Béchir Kouniali.

RENCONTRES ET MARIAGES

Les mariages sont célébrés en général durant l'été. Ils durent au moins une semaine, dont trois jours sont consacrés au mariage proprement dit, avec les proches parents. Durant cette période, le fiancé se rendra plusieurs fois au hammam pour l'étape de purification du corps. La future mariée fera de même de son côté, sans oublier pour elle l'épilation de la tête aux pieds. Au cours de cette semaine, l'ambiance va crescendo, échauffée par la musique et les youyous des femmes. Les femmes de la famille proche préparent la mariée : tatouages symboliques au henné sur les mains, les pieds. Puis vient la *"jahfa"* (le "rapt" de la mariée). La mariée est "enlevée" sur un dromadaire, portant une *"jahfa"* , sorte de baldaquin branlant tout bardé de tentures et de soieries aux couleurs chatoyantes. Le second dromadaire porte le trousseau de la mariée. Le cortège avance au rythme de la musique, des chants des invités et des coups de klaxon des véhicules. Les soirées sont fortement animées : les musiciens "tabbala" savent mettre l'ambiance !

Autrefois les formes plantureuses de la jeune mariée faisaient honneur à son époux. Elle se nourrissait de sucreries et de mets consistants, plusieurs semaines avant la cérémonie : à Djerba on raconte même que l'objectif était atteint si la mariée faisait craquer une table sous son poids ! Alors, le regard fier et admiratif de son mari la récompensait de ses efforts !

■ Les youyous des femmes

Youyous : cris aigus des femmes. C'est une expression musicale des sentiments.
Le youyou associe une vibration de la langue dans la bouche avec un cri modulé. C'est une pratique exclusivement féminine exprimant les sentiments, notamment la joie à l'occasion des mariages.

HAMMAM

Le hammam, ou bain maure, remonte au temps des thermes romains de l'antiquité. Il fait partie de la vie sociale des djerbiens. Le matin et le dimanche ouvert aux hommes, l'après-midi ouvert aux femmes : beauté, laideur, jeunesse, vieillesse s'y côtoient sans gêne et sans lois sociales. Chaque étape clé de la vie du djerbien (circoncision, mariage, naissance) est marquée d'une visite au hammam. On y vient pour purifier son corps, mais également pour se rencontrer, bavarder. Une mère y choisissait parfois l'épouse de son fils. Elle peut tout voir, tout apprendre sur les jeunes filles.
On débute par la séance de sudation dans la salle chaude. La chaleur enveloppe le corps, la transpiration vide le corps de ses impuretés. On se prépare au massage. Le masseur du bain maure (tayeb) frictionne le corps détendu avec un gant de crin sans omettre de faire faire quelques mouvements d'assouplissement. Le corps est ensuite aspergé d'un seau d'eau froide ou tiède. On termine dans la salle de repos, étendu sur les matelas. Et pourquoi pas, pour vous mesdames, une petite séance d'épilation avec un caramel au citron !

CAFÉS

Dans une main les dominos patinés ou les cartes à jouer écornées, dans l'autre le sempiternel capucin (café avec de la crème) ou verre de thé à la menthe gorgé d'amandes grillées, le petit bouquet de jasmin sur l'oreille : voilà le djerbien fin prêt pour se délecter de quelques heures de détente et de bonne humeur en compagnie de ses amis. Le djerbien s'attarde ainsi souvent aux terrasses du café maure. Il aime discuter, jouer ou fumer tranquillement le narguilé (pipe orientale munie d'un long tuyau flexible, rempli d'eau parfumée aux senteurs mielleuses). Il aime tout simplement prendre le temps de regarder la vie qui passe.

Joueur de dominos.

■ **Le bouquet de Jasmin**

Le *mechmoun* (bouquet de jasmin) fut introduit en Tunisie par les réfugiés andalous entre le XIIIᵉ et XVIᵉ siècle. Le bouquet de jasmin est tout un art, il fait partie intégrante de la culture tunisienne. La cueillette du jasmin débute en mai. Les acheteurs (bien souvent de jeunes djerbiens) vont cueillir le jasmin blanc (fel) ou rouge (jasmin) directement dans le jardin des particuliers. L'unité de mesure pour l'achat est 4 fleurs (hara) qui vaut, en fonction de la qualité du jasmin, entre 10 et 15 millimes. Quelle adresse, quelle habileté dans les mains de l'artisan pour assembler et ficeler les fleurs de jasmin ! Avec un kilo de jasmin, on peut faire cent bouquets. Un bouquet compte plus de 80 fleurs fixées sur des tiges d'alfa. Durant la saison estivale, le *mechmoun* est vendu dans les rues, dans les cafés, sur les plages. Le bouquet de jasmin se porte sur l'oreille gauche pour les hommes célibataires ou sur l'oreille droite pour les hommes mariés.

■ ***Où découvrir les hammam ?***

La plupart des hôtels possède un hammam. Cependant, pour un parcours un peu plus typique, on peut se rendre à l'un des trois hammam d'Houmt Souk.
- A côté de l'O.N.A.T., avenue Habib Bourguiba.
- Près de la station centrale de taxis.
- Dans la continuité de la rue A. El Cadhi.

■ ***Où se désaltérer ?***

Nombreux cafés un peu partout. A chacun son coup de cœur ! Les terrasses vous tendent leurs chaises ! Citons toutefois le café Hadji sur la place Farhat Hached à Houmt Souk : vaste terrasse ombragée, idéale pour une petite pause thé ou pour siroter tranquillement un bon jus de fruits pressés.

Gastronomie

Gastronomie

LEGUMES

FRUITS

EPICES

GASTRONOMIE

On peut "savourer" dans la cuisine tunisienne toute l'histoire de la Tunisie et de ses échanges avec les autres peuples. Au XVè siècle, les réfugiés andalous apportèrent les *banadhej* (chaussons fourrés à la viande), et les *mjemaa* (gâteaux de pâte de semoule). Au XVIè siècle, les Turcs auraient introduit en Tunisie les feuilles de brik et les légumes farcis. Les italiens apportèrent leurs pâtes, que l'on vit, se garnir de viande, de pois chiches, de tomates, de pommes de terre et de poivrons.

La femme tunisienne règne en maîtresse sur les cuisines.

■ La préparation du couscous traditionnel

Réunit dans la cour carrée du menzel, toute la famille y participe : le grain légèrement humidifié est roulé dans la *kasaa* (sorte de large récipient en terre), puis passé au tamis. On étale ensuite d'immenses draps sur lesquels on verse les grains de couscous pour les faire sécher au soleil. Le mélange d'eau et d'huile fera gonfler le couscous. Roulé à la main pour bien détacher les grains, il sera cuit à la vapeur dans un couscoussier. Le récipient inférieur (makfoul) contient la viande et les légumes baignés dans un bouillon, il est surmonté d'une grande passoire (keskes) permettant la cuisson de la semoule à la vapeur.

EPICES

• **Ail (thoum) et oignon (bsal)** : agrémentent quasiment l'ensemble des plats.

• **Beurre salé (smen)** : relève viandes, couscous et pâtisseries.

• **Cannelle (kerfa)** : utilisée en poudre ou en morceaux pour les desserts et les mélanges d'épices.

• **Câpres (kabbar)** : elles rehaussent salades et sauces.

Légumes et fruits inondent les étals des marchands.

• **Citron (karis)** : on le retrouve dans tous les plats.

• **Coriandre (tabel)** : relève viandes, salades, sauces, ragoûts.

• **Cumin (kammoun)** : le cumin relève les poissons.

• **Huile d'olive (zit zitoun)** : elle inonde de sa saveur tous les plats.
Le pays en produit 90 000 tonnes, pour l'essentiel destiné à l'exportation.

• **Mélange d'épices** : carvi, coriandre, ail et piments rouges séchés. Ce mélange parfume de nombreux plats.

Cacahuètes, pois chiches, pois...

• **Menthe (naâ-naâ)** : avec le thé vert ou rouge. Une fois séchée, on la retrouve dans les préparations à base de viande (boulettes de viande).

• **Paprika (felfel jaina)** : poivron rouge séché, sous forme de poudre. Le paprika remplace la harissa. On trouve du paprika doux et du paprika fort.

• **Piment (felfel haar)** : vert à la récolte, rouge à maturité. Séché en chapelet avant d'être moulu, il orne ainsi les devantures des magasins d'épices.

• **Persil plat (mâadnous)** : il parfume et décore tous les plats. Le djerbien en raffole.

• **Poivre noir (felfel akhal)** : il rehausse les plats.

• **Safran (zaafrane)** : Stigmate de fleur de crocus d'une magnifique couleur jaune vif. Parfume les viandes.

■ La harissa

Particulièrement prisée dans la cuisine tunisienne, cette pâte très relevée accommode de nombreux plats. Mêlée d'ail et de carvi, arrosée d'huile d'olive, délicatement tartinée sur un bon morceau de pain tiède et croustillant, elle réveille avant le repas les palais endormis.

Les eaux de fleurs

Les eaux de fleurs, eau de rose (ma ward) ou de fleurs d'oranger (ma zahr), parfument les pâtisseries. Un kilo de fleurs produit un à deux litres d'eau de fleurs d'oranger. Cette dernière, ainsi que l'eau de géranium mélange sa saveur au thé noir et au café. L'eau de fleurs d'oranger parfume délicatement les salades de fruits frais, particulièrement délicieuse avec la grenade. A la mosquée, à l'occasion d'un mariage, il est de tradition que les convives se parfument les mains et le cou à l'eau de fleurs d'oranger.

"Les eaux de fleurs ont des vertus calmantes et curatives. L'eau de fleurs de jasmin est conseillée pour se parfumer à la sortie du bain, elle détend" explique Mr Turki. Dans la famille Turki, on est distillateur d'eaux de fleurs de père en fils depuis plusieurs générations. Tous les matins, on les retrouve sur le marché aux épices d'Houmt Souk.

M. Turki, distillateur d'eau de fleurs, sur le marché aux épices d'Houmt Souk.

Quelques recettes culinaires

BRIK A L'ŒUF

Casser un œuf au centre de la feuille de brik, saler et poivrer, puis replier la feuille. Faire dorer chacune des faces dans la friture.

BRIK AUX THON

Pour 4 brik :

4 feuilles de brik
4 œufs
1 boîte de thon émietté
3 pommes de terre
1 citron
2 cuillères à café de câpres
Oignon
Persil
Sel, poivre
Huile de friture

Faire cuire les pommes de terre à l'eau et les écraser. Mettre au centre de chaque feuille de brik la pomme de terre, les morceaux de thon, y ajouter les câpres, l'oignon, le persil puis casser un œuf sur la préparation, saler, poivrer.

Replier la feuille sur elle-même, la maintenir fermée en exerçant une pression avec les doigts. Faire dorer dans l'huile. Servir arroser de jus de citron.

L'amande grillée sucrée ou salée est un véritable délice.

COUSCOUS VIANDE ET LEGUMES

Pour 6 personnes :

700 g de couscous
600 g d'agneau
1 poulet de 500 g
300 g de bœuf haché
125 g de pois chiches (trempés la veille)
1 kg de carottes
1 kg de navets
500 g de pommes de terre
500 g de courges
500 g d'oignons
125 g de concentré de tomate
100 g de smen
5 cl d'huile d'olive
2 cuillères à soupe de paprika
2 cuillères à soupe de coriandre
1 cuillère à soupe de cannelle
Menthe sèchée
2 gousses d'ail
Sel, poivre

Faire chauffer l'huile dans le bas du couscoussier (makfoul). Faire dorer la viande d'agneau, puis ajouter le concentré de tomate mélangé à un peu d'eau, les pois chiches, les oignons émincés. Saler, ajouter ensuite la cannelle et le paprika.

Mouiller à niveau et laisser mijoter une bonne heure.

Recouvrir la semoule d'eau tiède, puis l'égoutter et la laisser reposer 20 minutes. Ensuite remuer la semoule afin de séparer les grains puis la cuire à la vapeur dans le haut du couscoussier (keskes) durant 20 minutes.

Une fois cuite, verser la semoule dans un plat large et séparer les grains en les travaillant avec le smen. Conserver la semoule au chaud.

Ajouter les légumes 25 minutes avant la fin de la cuisson de l'agneau puis ajouter le poulet coupé en morceaux.

Faire des boulettes de viande hachée relevée de coriandre, d'ail haché finement et de menthe séchée. Ajouter un peu du bouillon de la garniture, et cuire à couvert, à feu moyen environ 20 minutes.

Le couscous sera servi dans un grand plat, garniture de viande, légumes et boulettes recouvrant la semoule.

Pois chiches.

Toute la saveur des épices de l'Orient.

DATTES FARCIES

Pour 10 dattes :

10 dattes
10 noix
40 g de beurre
25 g de sucre glace
Eau de rose

Fendre les dattes et enlever le noyau.

Casser les noix et les broyer. Les mélanger avec le beurre, le sucre glace et un filet d'eau de rose.

Farcir chaque datte avec cette préparation.

A la place du beurre, on peut mettre une pâte d'amande parfumée à l'eau de fleurs d'oranger.

On trouve plus de 150 variétés de dattes, la récolte a lieu en novembre.

Itinéraires-découverte

Itinéraires découverte

AMBIANCE VILLAGEOISE

1ère PARTIE

AMBIANCE RURALE

2ème PARTIE

Itinéraires-découverte à pied ou à VTT au départ de Midoun.

Houmt Souk

(carte B1)

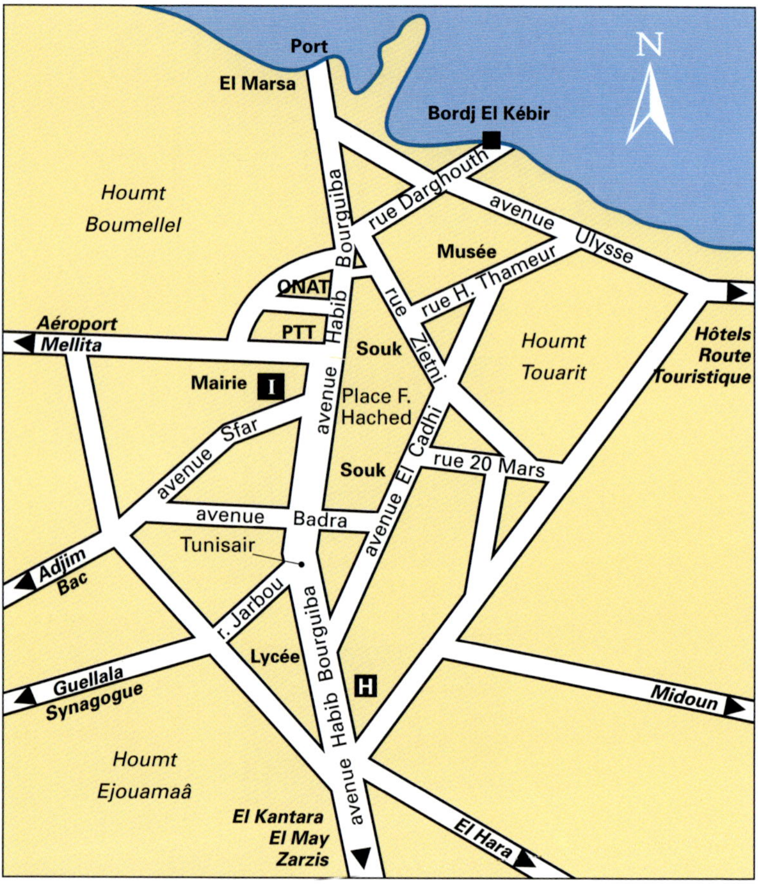

Houmt Souk compte plus de 40 000 habitants. Houmt Souk signifie "quartier du souk" (quartier en arabe se dit houmt). Au cœur de la ville, entre la rue Habib Bourguiba (Poste) et l'avenue Abdelhamid el-Cadhi serpentent les ruelles du souk avec ses fondouk et ses nombreux savoir-faire. Les deux mosquées principales sont : la mosquée des Turcs (Jamaa El-Trouk) de rite hanéfite, la mosquée des Etrangers (Jamaa El-Ghorba) de rite malékite. A voir le Bordj El-Kébir situé sur le port.
Le port a perdu de son importance : Adjim est devenu le port principal de l'île.

Jours de marché : lundi et jeudi.

Djerbien dans les rues d'Houmt Souk - Aquarelle de Béchir Kouniali.

Criée aux poissons.

La criée aux poissons

Tous les matins à Houmt Souk, la halle aux poissons grouille de monde. Dans quelques instants, trois vétérans juchés sur des chaises hautes vont procéder à la criée. Des chapelets de poissons à bout de bras, ils débutent la vente aux enchères. Mérous, mulets ou rougets attendent preneur : les offres du crieur fusent dans l'air, son regard enveloppe l'assemblée d'hommes, attentif à l'expression des visages concentrés, tournés vers lui. Son interminable débit de paroles est brisé subitement d'un simple hochement de tête ou d'un petit signe de la main décisif d'un futur acheteur, alors les poissons vendus sont emballés, une nouvelle guirlande de poissons s'offre aux regards scrutateurs et la ronde des chiffres reprend.

Le musée des Arts et Traditions Populaires

Aménagé depuis 1968 dans une ancienne zaouïa construite en l'honneur de Sidi Zitouni, le musée comporte une belle collection de costumes traditionnels : robes de mariée, bijoux réalisés par des artistes juifs, poteries, éléments de mobilier. Magnifique coupole recouverte de tuiles vernissées.

Les mosquées souterraines

En partant d'Houmt Souk, prendre la direction d'Adjim. A environ 6 km avant Adjim, emprunter à droite la piste caillouteuse. A quelques distances de là, se trouve la mosquée souterraine de Jamaa El-Bardawi. Ces mosquées étaient creusées dans le sol par soucis de protection. Les gens de rite wahabite (population d'origine de l'île), persécutés, s'y cachaient pour pouvoir prier en paix.

La Grande Mosquée "Jamâa El-Kébir" de Mellita

Dans le village de Mellita, tout proche de l'aéroport, on découvre l'un des plus anciens édifices musulmans de l'île : la mosquée "Jamâa El-Kébir". Elle fut construite au IXe siècle. Ce fut longtemps un haut lieu du kharidjisme. Elle porte le nom de son fondateur Echeikl El Wahabi, Abou Messouer.

Le marché libyen

Près du port a lieu tous les lundis et jeudis le marché aux légumes et le marché libyen. On y trouve toutes sortes de marchandises en provenance de la Libye.

Le marché aux bestiaux

Le marché aux bestiaux est situé près du port, à l'entrée de la piste qui longe la côte ouest de l'île. Il a lieu tous les lundis et jeudis. Vaches, bœufs, chèvres, moutons, ânes, mulets, quelques dromadaires (hélas de plus en plus rares !) sont proposés à la vente. Ce marché est très pittoresque.

Vendeur de feuilles de brik près de la halle aux légumes à Houmt Souk.

Coup de cœur !

Galerie de peinture Béchir Kouniali.
Peinture aquarelle.
Place Farhat Hached à Houmt Souk
(face à la mairie).

En savoir plus :

Bordj	p37	Mosquée	p46	Fondouk	p36
Rites	p30	Métiers	p56-65	Souks	p57

Midoun

(carte C2)

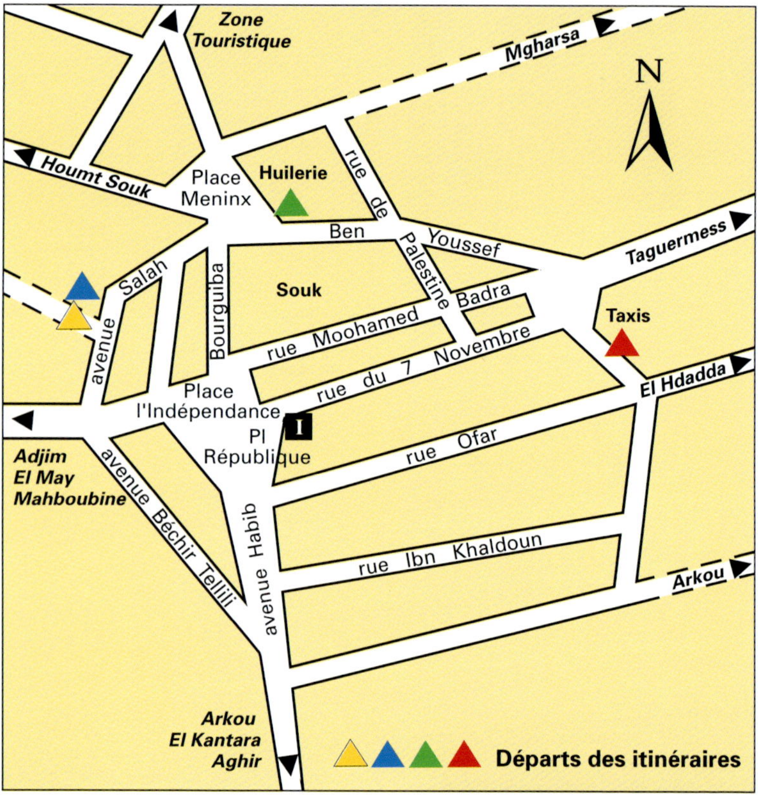

Chef-lieu de la partie Est de l'île, Midoun est au cœur de la région des menzel et des jardins irrigués, hélas, pour la majeure partie délaissés ! Les djerbiens abandonnent le travail de la terre au profit des métiers du commerce et des services. Chaque vendredi a lieu le marché, particulièrement pittoresque. A 4 km de Midoun, sur la route d'Houmt Souk se trouve la mosquée "Jamâa Fadlhoun". Son architecture est typiquement wahabite : grande sobriété dans les formes, murs épais blanchis à la chaux, aspect fortifié dans son ensemble.

On croise souvent à Midoun ou Mahboubine les femmes enveloppées du *"fouta"* (voile blanc orné de rayures verticales en soie orangée).

Marché aux légumes : vendredi matin
Marché aux bestiaux : idem

Toutes les saveurs de la Tunisie.

■ La communauté noire

A Midoun existe une communauté noire dont les membres sont descendants des esclaves que la traite amena jadis du grand Soudan, par caravanes. Cette ethnie, présente essentiellement dans la région de Midoun, exerce entre autre, l'activité de jardiniers, de sculpteurs de pierre et surtout de musiciens tabbala. Leurs danses sont surnommées "danses de gougou". Ils animent les cérémonies rituelles et les mariages, vêtus de leur costume traditionnel.

■ L'Olivier aux œufs : "Zitounet El-Adham"

Cet olivier, plusieurs fois centenaire est surnommé "l'olivier aux œufs" depuis l'époque où des femmes ont vendu sous cet arbre volailles et œufs, puis œufs durs colorés destinés à la fête de l'Aïd Es-Séghir. Durant cette fête, les enfants jouaient sous cet olivier. Chacun tentait de gagner l'œuf de l'autre.

A noter que les premiers édifices à Midoun se sont construits autour de cet arbre légendaire.

■ Huilerie souterraine traditionnelle *"maasera"*

Cette huilerie est située sur la place du marché, à 100 mètres de l'hôpital sur la route de Taguermess. Ce moulin à huile a trois siècles d'existence. Sur le fonctionnement de l'huilerie, voir p 40 huilerie.

Intérieur de l'huilerie.

Pour les heures d'ouverture à la visite, contacter le Syndicat d'Initiative de Midoun :
Tél. (05) 658 116 - (05) 659 058

■ Mosquée Fadlhoun

Mosquée ouverte à la visite. Elle se situe à environ 3 km de Midoun en direction d'Houmt Souk, sur la gauche. Faire attention aux puits non protégés.

■ Folklore à Midoun

Tous les mardis après-midi au théâtre de verdure de Midoun, près de l'Office National de l'Artisanat Tunisien (O.N.A.T.) se déroule le Festival Fantasia. On assiste à une reconstitution de la *"jahfa"* (cortège de la mariée) et à des courses de chevaux sur le rythme de la musique traditionnelle. Vous pourrez découvrir les musiciens *"tabbala"* et leurs danses spectaculaires. Se renseigner auprès de votre représentant ou directement au Syndicat d'Initiative de Midoun :
Tél. (05) 658 116 - (05) 659 058.

■ *Coup de cœur !*

Tatouage au henné réalisé par Mr Ben Youssef, bijoutier à Midoun, route Zitouna, près de la place aux poteries. Un conseil (mais Mr Ben Youssef saura vous le rappeler !), évitez de vous faire tatouer les deux mains ensemble, vous pourriez avoir quelques surprises par la suite... Il faut compter quelques heures de "séchage" avant que le henné donne toute sa jolie teinte... ce qui sous-entend d'éviter tout frottement... pas facile à respecter pour les deux mains ensemble !
On peut faire le choix de jolis motifs à tatouer sur la cheville, sur l'épaule..., c'est très gracieux ! Le tatouage ainsi fait peut tenir sur la peau environ une semaine.

■ *Bref rappel* :

Les itinéraires VTT et pédestres proposés dans ce guide sont tous au départ de Midoun. Toutes ces précisions sont indiquées pour chaque itinéraire, avec point de départ reporté sur un plan de Midoun.

Guellala

(carteB3)

Poteries non vernissées.

Le village de Guellala abrite des générations de potiers. Le village compte environ 8000 habitants. Le sous-sol est constitué de marnes grises avec cristaux de gypse, peu fossilifères. Ce sous-sol alimente depuis des millénaires en argile les ateliers de potiers. A l'heure actuelle, un artisan potier utilise pour sa production environ 3 à 4 tonnes d'argile par an. 35 à 40 potiers exercent à Guellala contre 350 à 400 au plus fort de la production. L'axe principal du village est bordé d'ateliers et de boutiques. On y trouve la production de Guellala :

- les énormes jarres servant à stocker l'huile ou les provisions,
- la poterie utilitaire non vernissée,
- les objets "artistiques" destinés aux touristes,
- sur commande, des reproductions de poterie antique.

A signaler : la lagune de Guellala, à l'ouest du village, réserve importante pour oiseaux migrateurs.

Marché : mercredi matin

Les collines de Guellala d'où est extraite l'argile.

■ *Coup de cœur !*

• Ne manquez pas de faire une petite visite à l'atelier de poterie de Fethi Ben Aissi, à la sortie du village, sur la droite, en direction d'Adjim.

• Juste après l'atelier de Fethi Ben Aissi, en continuant la route qui mène à Adjim (cette route longe la côte), vous pourrez faire une petite halte dans une ferme. Elle se trouve sur la droite. On y voit chèvres, moutons, dromadaires...

■ *En savoir plus :*

Potier p 58-59.

El May

(carte B2)

La localité d'El May est située au centre de l'île, sur la route menant d'Houmt Souk à El Kantara. La mosquée fortifiée d'El May est classée monument historique. On y remarque les traces de mâchicoulis et de meurtrières. Ces murs épais (1,5 mètre d'épaisseur) reposent sur de massifs contreforts.

Mosqueé d'El May

■ ***En savoir plus :***

Mosquées p 46 Rites p 30

Guirlandes d'éponges en devanture d'une boutique d'artisanat.

Adjim

(carte A3)

Cette localité compte environ 2500 habitants. Port principal de l'île avant celui d'Houmt Souk. Adjim fait face aux falaises rouges de Djorf sur le continent. C'est à cet endroit que se formèrent il y a environ un million d'années une série de failles le long des falaises de Djorf, provoquant l'effondrement de ce gouffre marin, jusqu'à 54 mètres sous la mer.
La liaison avec le continent est assurée par le bac (Adjim-Djorf). Adjim était autrefois très réputé pour la pêche aux éponges.

Marché : mercredi et vendredi.
Le festival des éponges a lieu chaque année en juillet.

Les bacs d'Adjim asurent la liaison avec le continent.

■ ***Coup de cœur !***

Juste avant d'arriver au port, en bordure de route, sur la droite, boutique d'artisanat. Peut-être aurez-vous la chance de rencontrer, dans le bâtiment annexe, un de ces anciens pêcheurs d'éponges, qui vous montrera la technique du miroir utilisée pour cette pêche.

■ ***En savoir plus :***

Pêcheur et éponges p 60-61

Ambiance rurale à Djerba

4 itinéraires à thème
à parcourir à pied ou à VTT

Pourquoi avoir fait le choix du secteur de Midoun-Mahboubine ?

• Ce secteur de l'île est proche de la zone touristique, donc facile d'accès pour la plupart d'entre vous.

• Dans la zone d'eau douce de Midoun-Mahboubine "l'île-jardin, devient l'île-verger..." et offre un large éventail de ce qui constitue le patrimoine de Djerba. Par des chemins poudreux et encaissés, les itinéraires vous mènent aux abords des menzel, des ateliers de tissage, des presses à huile qui reposent dans leur écrin de palmeraies et d'oliveraies. Vous découvrirez les vergers de Mahboubine où l'eau des puits caresse de son reflet argenté les terres légumières et fruitières dans une "débauche d'odeurs mielleuses".

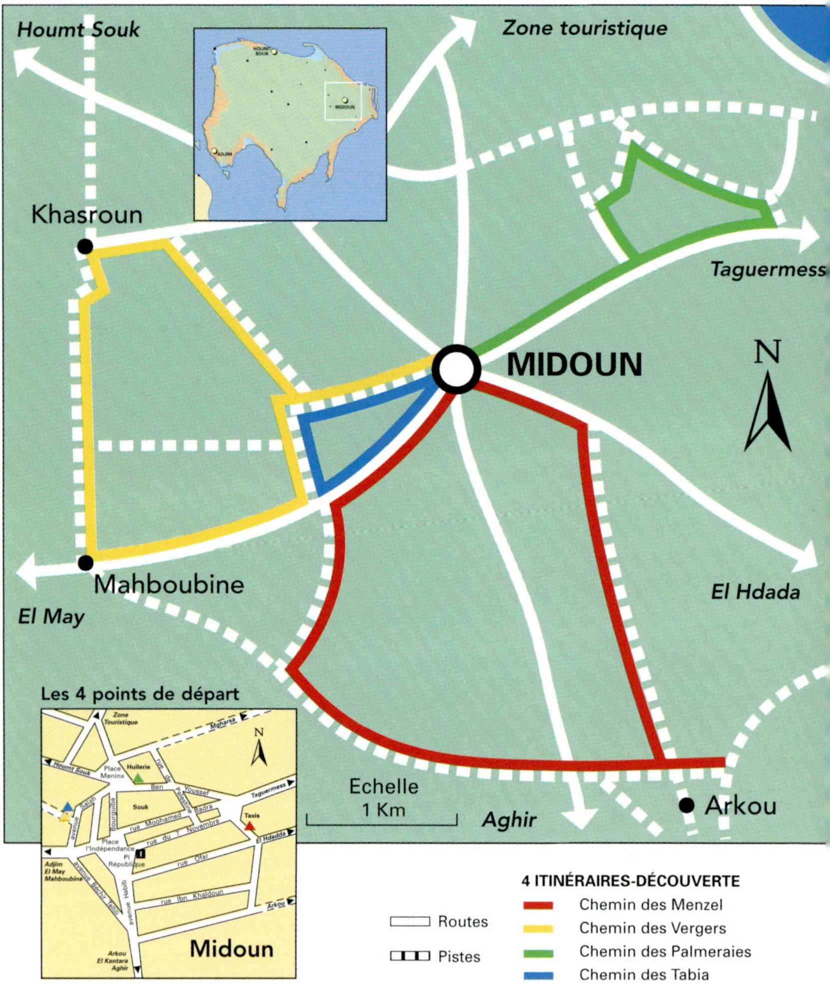

ITINÉRAIRES - MODE D'EMPLOI

■ Comment s'y rendre ?

- **Si vous choisissez de faire les circuits à vélo**, renseignez-vous pour la location de vélos, auprès de la réception de votre hôtel ou auprès de votre représentant. Certains hôtels possèdent leur propre location de vélos, sinon il existe de nombreux points de location aux abords immédiats de la plupart des hôtels.
- **Si vous choisissez de faire les circuits à pied**, vous pouvez prendre un taxi pour Midoun (point de départ des itinéraires). Comptez une moyenne d'environ 3 dinars pour la course. Vous pouvez emprunter également les transports en commun. Voir horaires et tarifs auprès de la réception de votre hôtel.

■ 4 itinéraires sont proposés :

- Chemin des menzel : 9,800 km (rouge)
- Chemin des vergers : 8,400 km (jaune)
- Chemin des palmeraies : 6,500 km (vert)
- Chemin des tabia : 2,900 km (bleu)

POUR CHAQUE ITINÉRAIRE
- Durée du circuit à pied ou à VTT.
- Distance du circuit.
- Couleur du balisage sur le terrain.

LES NUMÉROS SUR LA CARTE
Ils renvoient au descriptif du circuit et vice versa.

RUBRIQUE "EN SAVOIR PLUS"
Cette rubrique rassemble les mots clé indiqués en italique dans le descriptif du circuit. Chaque mot clé renvoie à un numéro de page pour en "savoir plus" !

RUBRIQUE "COUP DE CŒUR !"
Originalité dans le circuit, intérêt majeur (artisan, paysage, patrimoine…).

POUR CHAQUE ITINÉRAIRE
- 1 carte détaillée avec tracé de l'itinéraire. (échelle : 1 cm = 250 m)
- 1 plan de Midoun avec indication du point de départ.

LA LÉGENDE DE LA CARTE
- Informations pratiques (routes, pistes, repères descriptif du circuit…).
- Les éléments de patrimoine à découvrir (menzel, puits, atelier de tissage…).

Chemin des Menzel

Chemin des Menzel

"...à travers la verdure des oliviers, derrière les palmiers dispersés, éclate toujours la blancheur de quelques menzel avec leur profusion de petites coupoles et de tours carrées surélevées...".

S. E. Tlatli.

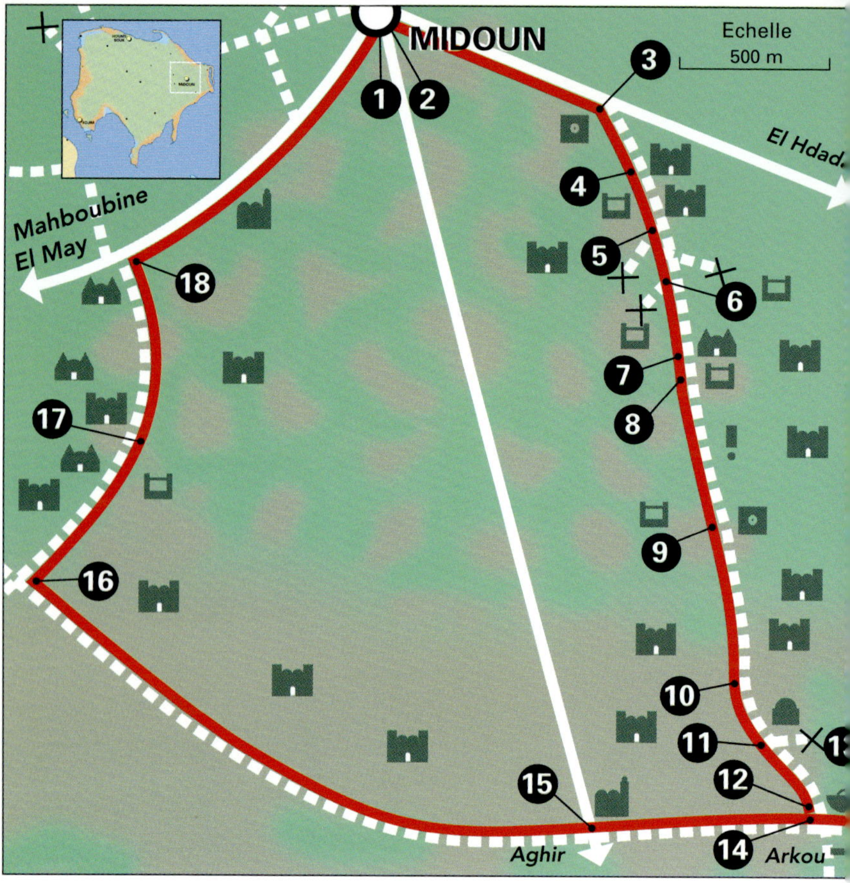

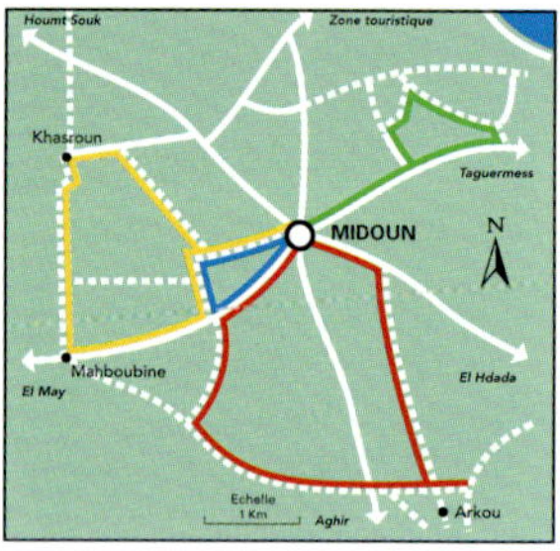

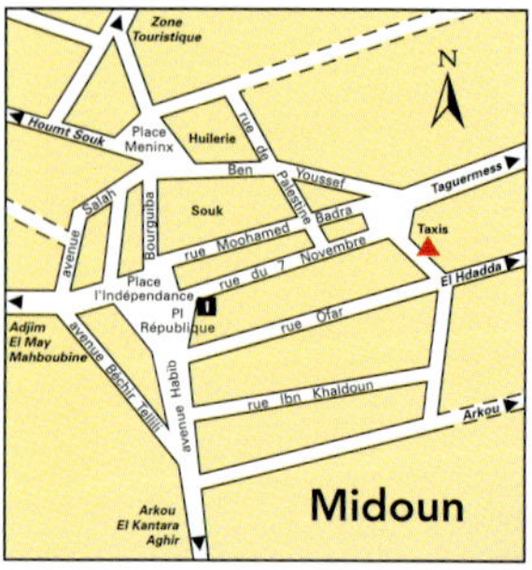

Infos pratiques

- Départ
- Routes
- Pistes
- Mauvaise direction
- Petite difficulté
- Villages - Hameaux
- Syndicat d'initiative
- Oliviers
- Palmiers
- Café
- Epicerie

A voir

- Artisanat
- Atelier de tissage
- Citerne d'eau
- Marabout
- Menzel
- Mosquée
- Presse à huile
- Puits

Chemin des Menzel

Balisage : **rouge**

Distance : **9,800 km**

Durée : : **3 h 30**
 : **5 h**

DESCRIPTIF ITINÉRAIRE

1 Départ de la station de taxi de *Midoun* (situé près de l'hôtel "Djerba Midoun", face au café "M'hirsi"). Voir plan du centre ville de Midoun pour point de départ. Suivre la route qui longe la place du marché aux *poteries* (environ 200 m) vers le croisement de la route Midoun-El Hdada.

2 Au croisement, prendre à gauche en direction du village d'El Hdada. Suivre cette route tout droit sur environ 800 m.

3 Quitter la route pour emprunter la piste à droite. Une vaste citerne d'eau (impluvium) et un petit grenier voûté, à l'abandon, marquent le début de la piste. Parcourir environ 300 m.

4 Sur votre droite, magnifique *puits* restauré avec son système d'irrigation. Sur votre gauche *menzel* (habitation traditionnelle) abandonné. Remarquez la façade du menzel et les vestiges de la porte en bois peint. La piste est bordée de *tabia* (murets de terre battue) surmontés d'aloès, d'agaves et de figuiers de Barbarie. Très bel ensemble de menzel. Faire environ 200 m.

5 Croisement. Laisser la piste de droite. Continuer tout droit. A quelques mètres, autre croisement, ne pas prendre la piste sur votre gauche. Continuer sur la même piste. Faire 150 m.

6 Croisement avec une autre piste : prendre celle de gauche et continuer tout droit sur 100 m. Très beaux puits à droite et à gauche. Menzel. Faire 200 m.

Poulies d'un puits.

■ *En savoir plus :*

Midoun	p 80-81
atelier de tissage	p 38-39
chemin de puisage	p 42
dalou	p 42
épicerie	p 65
huilerie	p 40-41
marabout	p 47
menzel	p 34-35
mosquée	p 46
olivier	p 24-25
palmier dattier	p 22-23
poterie	p 58-59
puits - irrigation	p 42-43
tabia	p 21

■ *Coup de cœur !*

menzel (entre 4 et 10)
presse à huile (13)
puits (6)

■ *Adresses utiles :*

Syndicat d'Initiative :
place de la République - Midoun
Tél. (05) 658 116
Tél. (05) 659 058
(Président du S.I.)

Mairie de Midoun :
Tél. (05) 657 220

7 Sur la gauche ancien *atelier de tissage* au fronton triangulaire avec greniers. La campagne est parsemée de menzel. Faire 100 m.

8 Magnifique puits sur la gauche avec système du *dalou* (poulie) où l'on distingue nettement les traces du *chemin de puisage*. Attention, sur environ 500 m, du point 8 au point 9, petite difficulté, piste très sableuse ! Sur la droite, belles étendues de *palmiers*.

Chemins bordés de tabia.

9 Abreuvoirs avec magnifique voûte. Citerne d'eau avec aire de battage. Continuer sur 500 m.

10 Continuer tout droit sur environ 250 m.

Un marabout.

11 Croisement de pistes (placette ombragée). La piste passe entre 2 splendides oliviers. *Marabout* sur la gauche ainsi qu'une aire de battage. Continuer tout droit. Faire environ 300 m.

12 Petite *épicerie* qui fait partie du village d'Arkou. Halte ravitaillement. Passer devant cette épicerie, puis au croisement de pistes (à environ 20 m), prendre piste à gauche. Faire environ 250 m pour se rendre à une presse à huile abandonnée.

13 *Presse à huile* avec magnifique coupole. Coup d'œil puis retour sur vos pas (250 m).

14 Laisser l'épicerie à droite et continuer tout droit sur environ 800 m.

Enfilade de salles voûtées d'une huilerie.

15 Croisement de la piste avec la route de Midoun-Aghir. Petite halte à la *mosquée.* Coup d'œil sur les extérieurs. Puis traverser la route de Midoun-Aghir pour rejoindre la piste en face. Traversées d'étendues d'*oliveraies* sur environ 2 km 400. Suivre la piste tout droit. Cette piste mène à Mahboubine. De nombreuses familles originaires du sud de la Tunisie (Tataouine) vivent dans ce secteur. Peut-être aurez-vous la chance de croiser les femmes vêtues du costume traditionnel aux couleurs chatoyantes, ou encore quelques bergers surveillant les troupeaux...

16 Après avoir parcouru 2 km 400, au croisement (compteur d'eau n° 70612), quitter la piste de Mahboubine et prendre à droite la piste qui rejoint la route de Midoun-Mahboubine. La piste est jalonnée de magnifiques menzel.
Faire environ 1 km 200 avant d'atteindre le croisement de la route Midoun-Mahboubine.

17 A mi-chemin, magnifique menzel sur la gauche avec un atelier de tissage.

18 Croisement Midoun-Mahboubine. Prendre à droite. Retour au point de départ, à Midoun, par la route, la distance est d'environ 1 km 300. Mosquée sur la droite à 300 m.

RESPECTEZ LA NATURE ET LES LIEUX.

Petite épicerie.

Le menzel intervenait dans le système défensif de l'île.

Chemin des Vergers

Chemin des Vergers

"Dans la zone d'eau douce de Midoun-Mahboubine, l'île-jardin devient l'île-verger, un verger enchanteur où se mêlent pommiers, orangers, et citronniers qui ploient sous leurs fruits d'or...".

S. E. Tlatli.

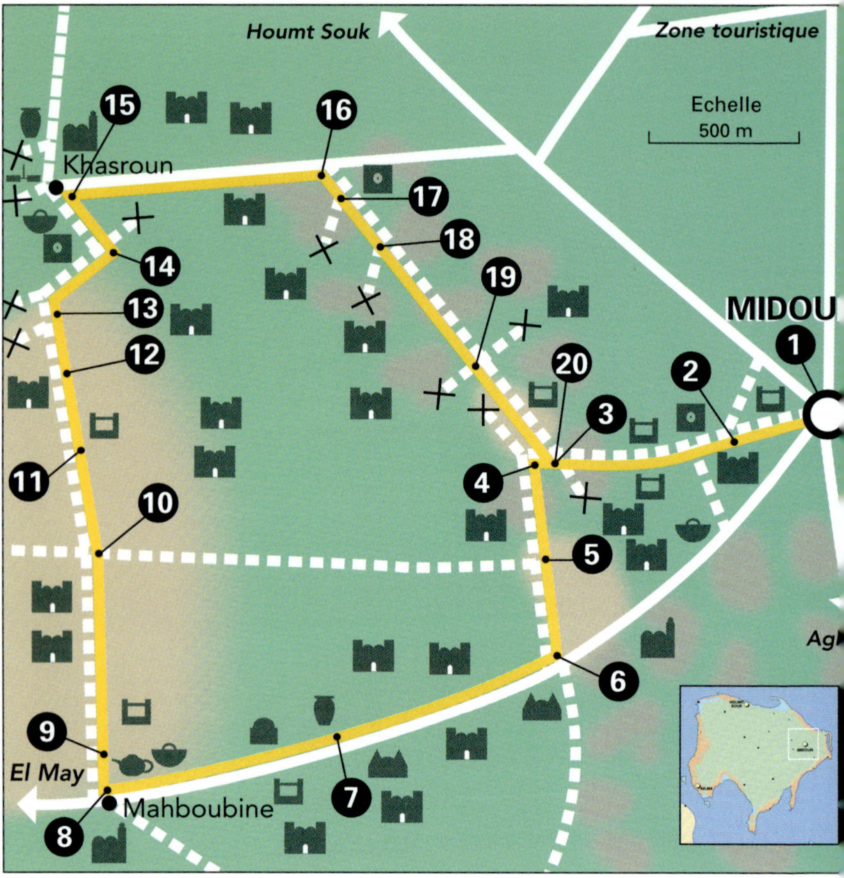

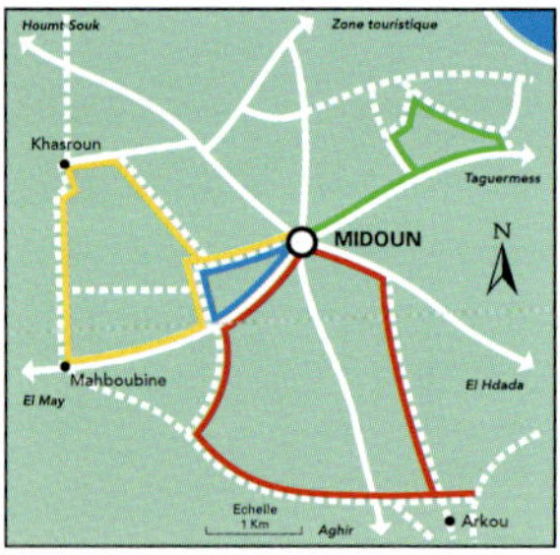

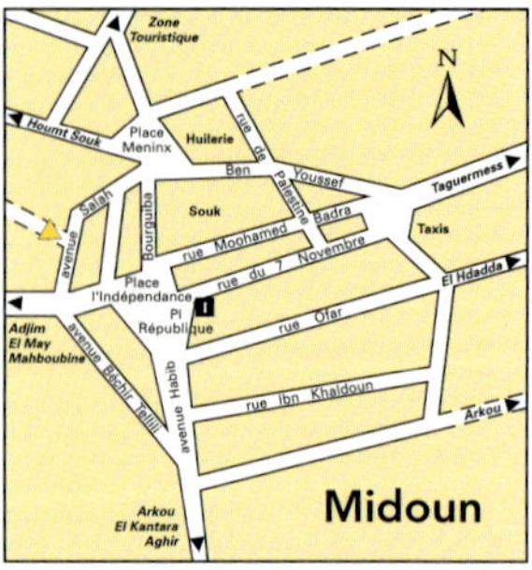

Infos pratiques

- Départ
- Routes
- Pistes
- Mauvaise direction
- Villages - Hameaux
- Syndicat d'initiative
- Oliviers
- Palmiers
- Vergers
- Café
- Epicerie

A voir

- Artisanat
- Atelier de tissag
- Citerne d'eau
- Marabout
- Menzel
- Mosquée
- Presse à huile
- Puits

Chemin des Vergers

Balisage : **jaune**
Distance : **8,400 km**
Durée : vélo : **3 h**
randonnée : **4 h**

DESCRIPTIF ITINÉRAIRE

Artisan-vannier sur la route Midoun-Mahboubine.

1 Départ de *Midoun*. Voir plan du centre ville de Midoun pour point de départ. Emprunter la piste à droite, 100 m avant le carrefour de la route Midoun-Mahboubine. Parcourir environ 300 m jusqu'à un croisement.

2 Au croisement, prendre la piste à gauche : longer grand muret blanchi à la chaux sur environ 100 m. Vaste citerne d'eau. Continuer sur 450 m.

3 Croisement avec la piste du retour. Laisser cette piste. Continuer tout droit (environ 100 m).

4 Tourner à gauche : la piste prend la direction sud, vers la route de Midoun-Mahboubine (environ 700 m).

5 A mi-chemin, croisement avec la piste qui mène vers Mahboubine. Laisser cette piste et continuer tout droit.

Le Jasmin du marié.

6 Croisement avec la route de Midoun-Mahboubine. Prendre la route à droite, direction Mahboubine (environ 800 m jusqu'à la prochaine halte).

7 Sur le bas-côté droit, halte dans un ancien grenier abritant le travail d'un vannier. *Tressage de palmes* et d'alfa pour la confection de paniers et de *chapeaux*. Continuer vers Mahboubine (environ 800 m).

■ *En savoir plus :*

Midoun	p 80-81
atelier de tissage	p 38-39
café	p 69
chapeaux - costumes	p 50
épicerie	p 65
gastronomie	p 72-75
huilerie	p 40-41
menzel	p 34-35
mosquée	p 46
olivier	p 24-25
palmier - palmes	p 22-23
puits - irrigation	p 42-43
rites	p 30

■ *Coup de cœur !*

artisan-vannier (7)
puits, système d'irrigation et vergers (9)
huilerie (15)
fabrication du "Jasmin du Marié" (15)

■ *Adresses utiles :*

Syndicat d'Initiative :
place de la République - Midoun
Tél. (05) 658 116
Tél. (05) 659 058
(Président du S.I.)
Mairie de Midoun :
Tél. (05) 657 220

Chemin des Vergers

8 Mahboubine : continuer la route principale jusqu'au niveau de la place centrale située sur votre gauche (Poste). Coup d'œil à la *mosquée* El-Kateb qui se situe sur cette place. Elle fut bâtie à la fin du XIXe siècle par un négociant originaire de Mahboubine, installé à Istanbul. Le style s'inspire de l'église Sainte-Sophie de Constantinople. Dépourvue de minaret, la mosquée est surmontée d'une coupole, placée sur une embase carrée encadrée d'autres coupoles plus petites situées en contre-bas.

"Les orangers ploient sous leurs fruits d'or."

Rejoindre la route principale, et prendre la piste juste en face de la place (un *café* et une *épicerie* font le coin) en direction des fameux vergers de Mahboubine. Parcourir environ 100 m.

9 Verger sur la droite avec *puits et système d'irrigation*. Continuer la piste durant 700 m.

10 Croisement avec une piste sur la droite qui mène à Midoun (voir point 5). Laisser cette piste et continuer durant environ 400 m. La piste longe les vergers. Les effluves d'orangers et de citronniers embaument l'air.

11 Sur la droite, magnifique verger et son puits avec système d'irrigation en état. Profusion d'arbres fruitiers, *palmiers, oliviers.*

12 Sur 350 m, la campagne est parsemée d'anciens *menzel* qui n'ont rien perdu de la magie envoûtante de leurs formes arrondies et harmonieuses — voûtes, coupoles, arcs de cercle forment un ensemble des plus équilibré – ne peut-on encore entendre les bruits familiers ?... Imaginez... la femme préparant le *repas*... cette autre, assise dans le patio travaillant la semoule cuite avec le smen en séparant bien les grains... les enfants jouant aux pieds des palmiers...

Faire environ 150 m.

13 Deux pistes successives débouchent sur la piste principale. Laisser ces deux pistes, et continuer sur environ 200 m.

14 A l'embranchement suivant, prendre la piste de gauche qui mène au petit village de Khasroun (environ 300 m).

L'eau s'achemine vers le bassin de réception (hijr).

Détails d'architecture de Menzel.

15 Village de Khasroun. Point de ravitaillement avec épicerie à l'entrée du village sur la gauche. Rejoindre la petite place (olivier au centre de la place et mosquée en bordure). Longer le muret et rejoindre piste à gauche. Admirer les vestiges d'une mâasera *(huilerie)*. Magnifique coupole. A environ 50 m, un artisan-vannier confectionne chapeaux (mdhala), couffins (djerbis) en alfa et en palme tressée, réputés pour leur grande solidité. Petite spécialité : le "Jasmin du Marié". C'est une fine tige décorative en bois d'olivier, ciselée de dessins géométriques et coiffée de fils de laine colorés, parfumés d'essence de fleurs. C'est une tradition originaire du Sud-Tunisien. Elle fut rapportée par les nomades. Le marié la portera durant toute la cérémonie du mariage.
Quitter le village de Khasroun par la route goudronnée, direction route Midoun-Houmt Souk. Faire environ 900 m.

16 Quitter la route et emprunter une piste sur la droite (entre citerne d'eau et poteau électrique) sur 100 m.

17 Croisement : prendre la piste de gauche. Continuer sur 200 m.

18 Croisement : prendre la piste de gauche. Continuer sur 500 m.

19 Croisement de pistes : continuer tout droit sur environ 350 m.

20 La piste rejoint la première partie de l'itinéraire. Prendre à gauche. Retour au point de départ (environ 900 m).

RESPECTEZ LA NATURE ET LES LIEUX.

"L'île-jardin devient l'île-verger."

Chemin des Palmeraies

Chemin des Palmeraies

"...un paysage naïf d'oliviers parsemés au hasard, comme une végétation spontanée, avec des troncs noueux vénérables, souvent éclatés par l'âge, dominés par la très haute et très fine silhouette des palmiers dont la chevelure chante sous la brise...".

S. E. Tlatli.

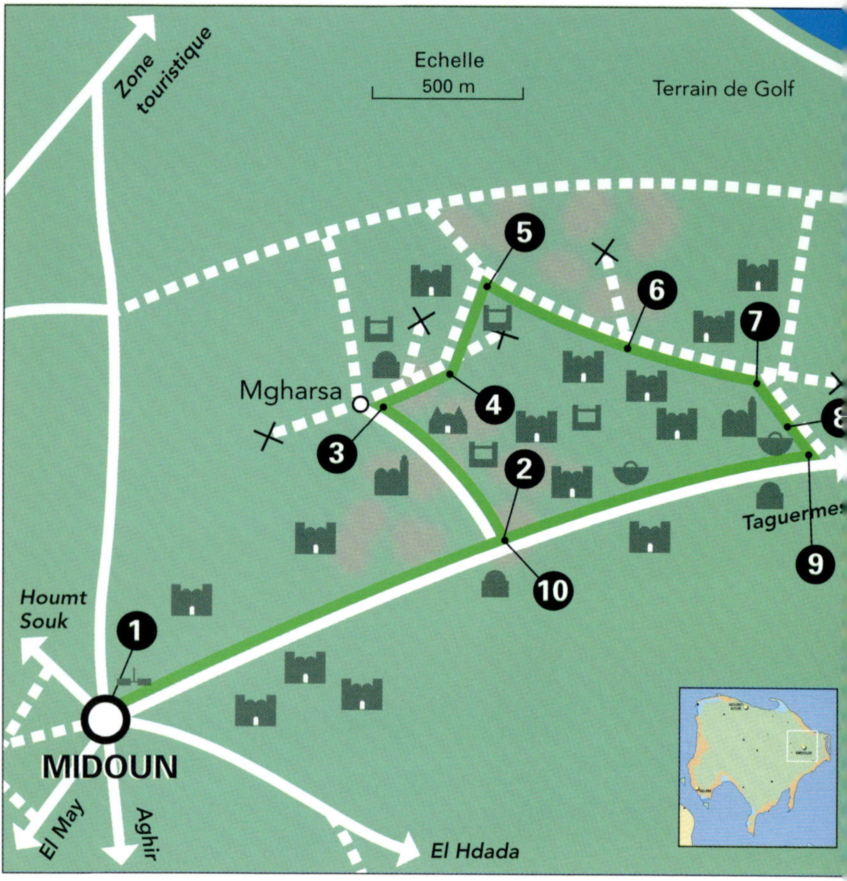

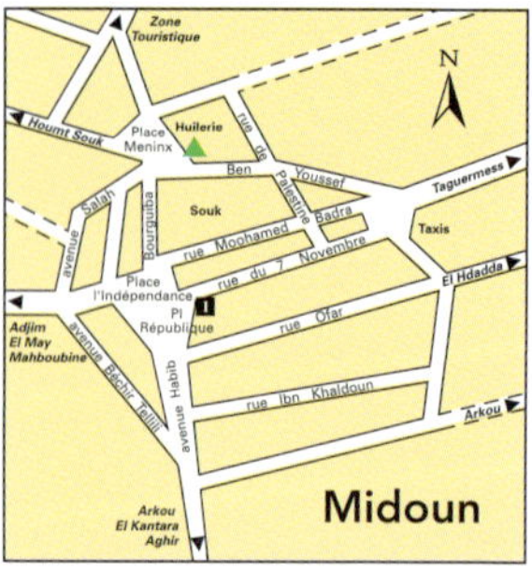

Infos pratiques

- Départ
- Routes
- Pistes
- Mauvaise direction
- Villages - Hameaux
- Syndicat d'initiative
- Oliviers
- Palmiers
- Vergers
- Café
- Epicerie

A voir

- Artisanat
- Atelier de tissage
- Citerne d'eau
- Marabout
- Menzel
- Mosquée
- Presse à huile
- Puits

Chemin des Palmeraies

Balisage : **vert**

Distance : **6,500 km**

Durée : 🚲 : **2 h**
🚶 : **3 h**

DESCRIPTIF ITINÉRAIRE

Figuier de barbarie.

❶ Départ de la place du marché où vous découvrirez une *huilerie* souterraine restaurée (voir plan du centre ville de *Midoun* pour localisation). Durant la période de cueillette des olives (généralement de décembre à février), la presse à huile est parfois remise en fonctionnement. On découvre alors les différentes étapes de fabrication de l'huile d'olive. Visite très intéressante. Pour les heures d'ouverture à la visite, s'adresser au Syndicat d'Initiative de Midoun (voir n° tél dans rubrique "adresses utiles"). Prendre ensuite la route de Taguermess. Faire environ 1 km 400.

❷ *Marabout* sur la droite, juste avant de tourner (petit repère : compteur d'eau n° 26630 sur la gauche). Emprunter la petite route sur la gauche en direction de Mgharsa. Faire environ 700 m. Arrivée à l'entrée du hameau.

❸ Prendre piste sableuse à droite, bordée de *tabia* surmonté d'agaves et d'aloès. Puits, menzel et marabout sur la gauche. Parcourir environ 300 m (attention ! laisser le premier croisement).

❹ Intersection. Prendre la piste sableuse sur la gauche sur environ 300 m. Magnifique paysage de palmeraie et d'*oliveraie*.

L'eau caresse de son reflet argenté les terres légumières et fruitières.

■ *En savoir plus :*

Midoun	p 80-81
djerbien	p 56
épicerie	p 65
huilerie	p 40-41
marabout	p 47
menzel	p 34-35.
mosquée	p 46
olivier	p 24-25
palmier dattier	p 22-23
puits - irrigation	p 42-43
rites	p 30
tabia	p 21

■ *Coup de cœur !*

hameau de Mgharsa (3)
huilerie (1)
paysages d'oliviers et de palmiers (entre 4 et 7)
mosquée (8)

■ *Adresses utiles :*

Syndicat d'Initiative :
place de la République - Midoun
Tél. (05) 658 116
Tél. (05) 659 058
(Président du S.I.)
Mairie de Midoun :
Tél. (05) 657 220

5 Croisement avec une piste. Prendre à droite. Faire environ 500 m (nombreuses courbes). L'ombre des palmes abrite les carrés d'orge verte. Au printemps, coquelicots, pâquerettes, luzerne ponctuent de teintes vives le sous-bois parmi les oliviers. La campagne est fragmentée en une multitude de petites parcelles, hélas de moins en moins cultivées. Les nombreux vestiges de *puits* soulignent l'importance de l'activité agricole de l'île il y a encore quelques années. On rencontre encore parfois de ces "fellah" (agriculteurs), mais de plus en plus les *djerbiens* s'orientent vers le secteur du commerce au détriment de l'agriculture.

6 Piste sur la gauche. Laisser cette piste et continuer tout droit sur environ 400 m. Magnifiques *menzel*.

Ingénieux service d'eau !

Palmes et régime de dattes en floraison.

7 Possibilité à ce niveau d'emprunter la piste qui rejoint les abords du terrain de golf (voir carte). Compter environ 1 km supplémentaire aller-retour : belle vue panoramique sur les palmeraies. Sinon, suivre le circuit : tourner à droite pour rejoindre la route de Midoun - Taguermess. Faire environ 150 m.

8 *Mosquée* sur la droite. Faire environ 150 m.

9 La piste débouche sur la route de Midoun - Taguermess. Prendre à droite. Petite *épicerie* à 50 m. Faire environ 1 km 200 avant de rejoindre le point 2.

10 Point 2 de l'aller. Marabout sur la gauche. Faire environ 1 km 400 pour retour au point de départ (presse à huile, place du marché).

RESPECTEZ LA NATURE ET LES LIEUX.

Menzel dans son écrin de palmiers.

Chemin des Tabia

Chemin des Tabia

"...des chemins poudreux et encaissés, bordés d'agaves et d'aloès dont les hampes ligneuses se dressent vers le ciel...".

Mr Meugé - les Echos de Djerba.

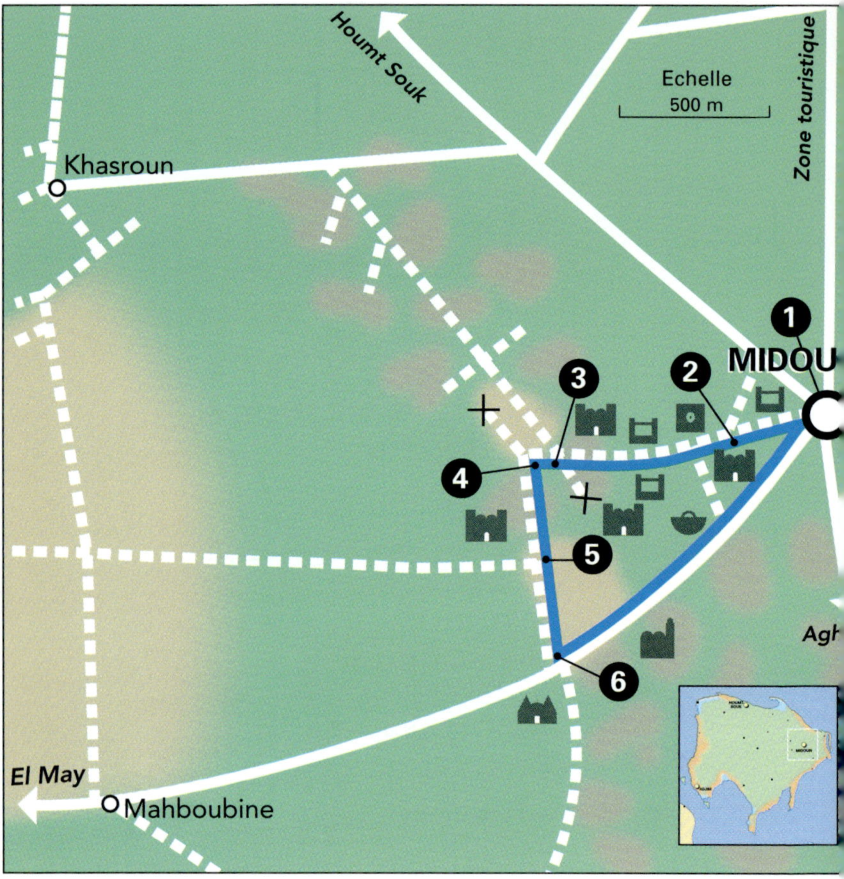

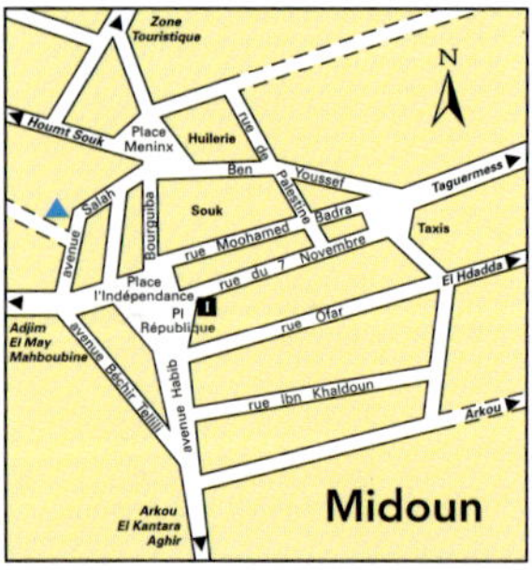

Infos pratiques

- Départ
- Routes
- Pistes
- Mauvaise direction
- Villages - Hameaux
- Syndicat d'initiative
- Oliviers
- Palmiers
- Vergers
- Café
- Epicerie

A voir

- Artisanat
- Atelier de tissage
- Citerne d'eau
- Marabout
- Menzel
- Mosquée
- Presse à huile
- Puits

Chemin des Tabia

Balisage : **bleu**

Distance : **2,900 km**

Durée : 🚲 : **1 h**
🚶 : **1 h 30**

DESCRIPTIF ITINÉRAIRE

Cet itinéraire empreinte la première partie du "chemin des vergers" avec la possibilité de rejoindre Mahboubine par les pistes. Compter alors le double de kilométrage (environ 6 km).

1 Départ de *Midoun*. Voir plan du centre ville de Midoun pour point de départ. Emprunter la piste à droite, 100 m avant le carrefour de la route Midoun-Mahboubine. Parcourir environ 300 m jusqu'à un croisement. Bel ensemble de *puits*.

La charette tirée par l'âne ne craint guère l'ensablement !

2 Au croisement, prendre la piste à gauche : longer un grand muret blanchi à la chaux sur environ 100 m. Vaste citerne d'eau. Continuer sur 450 m. *Menzel. Palmeraie. Oliveraie.*

3 Croisement avec une piste. Laisser cette piste et continuer tout droit (environ 100 m).

4 Tourner à gauche : la piste prend la direction sud, vers la route de Midoun-Mahboubine (environ 700 m).

5 A mi-chemin, croisement avec la piste qui mène vers Mahboubine. Cette piste rejoint la deuxième partie (point 10) du "chemin des vergers" pour ceux qui souhaiteraient rejoindre Mahboubine et sa magnifique *mosquée*. Sinon, laisser cette piste et continuer tout droit en direction de la route Midoun - Mahboubine.

6 Croisement avec la route de Midoun-Mahboubine. Prendre la route à gauche, direction Midoun (rejoindre le point de départ, environ 1 km 250).

RESPECTEZ LA NATURE ET LES LIEUX.

■ *En savoir plus :*

Midoun	p 80-81
menzel	p 34-35
mosquée	p 46
olivier	p 24-25
palmier - palmes	p22-23
puits - irrigation	p 42-43
rites	p 30

■ *Coup de cœur !*

puits (entre 1 et 2)
tabia (murets de terre battue), tout le long du circuit.

■ *Adresses utiles :*

Syndicat d'Initiative :
place de la République - Midoun
Tél. (05) 658 116
Tél. (05) 659 058
(Président du S.I.)
Mairie de Midoun :
Tél. (05) 657 220

LEXIQUE FRANÇAIS - ARABE
(DIALECTE TUNISIEN)

La plupart des tunisiens parlent le français, voici cependant quelques mots traduits :

■ RESTAURANT :

Addition : Haseb
Bière : Birra
Café : Qahoua
Café au lait : Qahoua el hib
Citron : Limoune
Déjeuner : Ghda
Dîner : Acha
Eau : Maa
Fromage : Jbine
Fruit : Ghalla
Huile : Zit
Mouton : Allouch
Œuf : Adhma
Olive : Zitoun
Pain : Khobz
Piment : Felfel
Poulet : Jej
Restaurant : Mat'am
Thé : Taï

■ HÉBERGEMENT :

Chambre : Bit
Hôtel : Otil
Petit déjeuner : Flour

■ JOURS :

Aujourd'hui : El yoûm
Demain : Ghedoua, ghedda
Dimanche : El hadd
Hier : El bareh
Jeudi : El khémis
Lundi : El tnin
Mardi : El tlâta
Matin : Sbah
Mercredi : El arb'a
Midi : Nous nhar
Mois : Chehar
Nuit : Lil
Samedi : Es sebt
Soir : Achiya
Vendredi : Ejjema

■ DÉPLACEMENTS :

Autobus : Tobus
Avion : Tayara
Route : Triq

■ RENSEIGNEMENTS PRATIQUES :

Change : Sarf
Heure : Saa
Journaux : Jaraïd
Poste : Bousta
Téléphone : Talifoune
Timbre : Timbri
Toilettes : Bit el ma

■ FORMULES USUELLES :

Attention : Rod balek
Madame : Lalla
Monsieur : Si
Bonjour : Sebah el kheir, Ass'lama
Bonsoir : Msa el Kheir
Au revoir : Besslâma
Comment ça va ? : Chnoua halek ?
Ça va ? : Labès ?
S'il vous plaît : Min fadlak
Oui : N'am
Non : lâ
Il n'y a pas : Mâ thammach
Quel est le prix ? : Qaddech ?
Merci : Shucran ou bark allahou fik
Je ne sais pas : mâ nârafch
Je ne comprends pas : Mâ nefheme-ch
Donnez-moi ma note : a'tini hsabi
Comment dit-on... en arabe ? : Kif tkoulbal... arbia ?

Et pourquoi pas une balade à dos de dromadaire !

IDÉES EXCURSIONS

au départ de Djerba

• Tour de l'île en bus - 1/2 j
Marché de Midoun ou Sedouikech, Chaussée romaine, poterie de Guellala, Synagogue, Houmt Souk.

• Tour de l'île en calèche
Une balade originale. Découverte des paysages de l'intérieur de l'île. Les calèches sont installées à proximité des hôtels et près des stations de taxis.

• Tataouine/Chenini en Land Rover ou en bus - 1 j
Ghorfas de Medenine, marché de Tataouine, village de Chenini, Ksar Haddada.

• Gabès/Matmata en Land Rover - 1 j
Ghorfas de Medenine, Matmata par les pistes de Toujane, visite chez une famille berbère (habitation troglodytique), Oasis de Gabès et marché de Jara.

• Ksar Ghilaine en Land Rover - 2 j
Ghorfas de Medenine, marché de Tataouine, village de Chenini, Ksar Ghilaine, nuit sous tente, Tamezret, Matmata, Djorf via les pistes de Toujane et Ain Tounine.

• Les Portes du Désert en Land Rover - 2 j
1er jour : Ghorfas de Medenine, Matmata , Douz via les pistes de Oum Echiah, Nouiel/Zaafran : dunes de sable, logement.
2ème jour : Tozeur via Kebili et chott El Jerid, visite du musée Dar Cherait et de la palmeraie, retour via Elhamma et Gabès.

• Saharienne - en bus - 2 j
Oasis de Gabès, Matmata : visite, Douz via Elhamma et Kebeli. Nouiel/Zaafrane : les dunes de sable, logement, Tozeur via Chott El Jérid, visite du musée Dar Chraiet, retour à Kebili, Djerba via le bac.

• Partie de pêche - 1 j
Découverte des techniques traditionnelles de pêche. Pêche à la ligne, pêche aux filets, palangre. Halte sur l'île aux flamants roses : petite péninsule déserte. Pêche aux huîtres et grillades sur la plage. Déjeuner sur la plage. Baignade et temps libre.

Tour de l'île en calèche : balade très originale.

• Balade en mer - 1 j
Halte sur l'île aux flamants roses : petite péninsule déserte. Pêche aux huîtres et grillades sur la plage. Déjeuner sur la plage. Baignade et temps libre.

A noter : les programmes et excursions peuvent être modifiés.
Renseignements auprès de votre représentant ou à la réception de l'hôtel.

FÊTES ET MANIFESTATIONS

Fin mars : festival des ksours à Tataouine.

Avril - mai : pèlerinage de la synagogue de la Ghriba (la Pâque juive) à Djerba.

Juillet : festival des éponges à Zarzis.

Fin juillet : festival Ulysse à Djerba.

Août : festival de Sidi Jemour à Djerba.

Août : festival des traditions populaires des îles méditerranéennes à Midoun à Djerba.

Août : festival de Matmata.

Août : festival de la poterie à Guellala à Djerba.

Septembre : régate des planches à voile à Djerba.

Novembre : journée du tourisme saharien à Tataouine.

Fin décembre : festival de l'olivier à Bir Lahmar-Tataouine.

Balade en mer avec une halte sur la presqu'île aux flamants roses.

JEU DEVINETTE

Répondez dans un premier temps aux questions posées sur l'île. Chacune des réponses comporte certaines lettres codées. Attention : toutes les lettres des mots ne sont pas forcément codées :

ex : réponse : S C O(5) R P I O N(5) seule la lettre "O" a été codée, mais ce mot comporte néanmoins d'autres lettres contenues dans l'énoncé codée de la devinette.

Dans un second temps, vous reporterez les lettres correspondants aux chiffres dans l'énoncé de la devinette en bas de page. La réponse à la devinette est également codée.

Les numéros de pages indiquées à chaque réponse vous renvoient au guide.

Habitat traditionnel de l'île	_(17) _ _ _ _ _(14)	p 34-35
Abrite un homme saint	_(17) _ _(12) _ _ _ _ _	p 47
Lieu de culte islamiste	_ _(5) _ _(13) _ _ _	p 46
Désert de sable	_(3) _ _	
Désert de pierre	_ _(3) _	
Capitale de l'île	_ _ _(1) _ _ _ _ _(1) _	p 78-79
Récipient utilisé pour la pêche au poulpe	_ _ _(12) _ _(5) _ _ _ _ _ _	p 60-61
Langue officielle tunisienne	_ _ _ _(4) _	p 112
Village potier	_ _(1) _(3) _ _ _ _ _	p 82
Produit les dattes	_(15) _ _ _ _(6) _ _	p 22-23
Arbre séculaire sur l'île	_(5) _ _ _ _ _(3) _	p 24-25
Il n'a qu'une bosse	_(8) _ _ _(17) _ _ _ _ _ _	p 20
Il utilise un tour	_ _ _(7) _ _ _	p 58-59

C'est aussi le prénom de la préféréé d'Aladin _ _(10) _ _ _ _(2)

Deuxième agglomération de l'île	_ _ _(8) _ _ _(2)	p 80-81
Activité artisanale	_ _ _(9) _(9) _ _ _	p 53
Flipper en est un	_(8) _ _ _ _ _(6) _	
Oiseau migrateur	_(11) _ _(10) _ _(10) _ _(8) _ _(5) _ _	p 20
La grande bleue	_ _ _(12)	
Sève du palmier	_(14) _ _ _(17) _	p 23
Musique traditionnelle	_ _ _(14) _ _ _(11)	p 52
On le savoure aux terrasses des cafés	_(7) _ _	p 69
Les marchands y séjournaient	_ _ _(12) _ _ _ _ _(9) _ _ _ _ _(14)	p 36
Donne des petites fleurs violacées	_ _ _(1) _ _ _ _ _ _ _ _ _ _ _	p 21
Fortification sur les côtes	_ _ _(12) _ _	p 37
Ancien titre de souverain en Tunisie	_ _(4) _(16)	
Plat traditionnel	_ _(5) _ _ _ _(5) _ _	p 75

ENONCÉ DE L'ÉNIGME :

(Enigmes tunisiennes, In Claude ROY et Paul SEBAG, Tunisie, Delpire, 1961).

1 2 3   4 5 6 7 3   8 3   9 10 11 12 10 2   13 1 6   9 1 12

7 5 1 7   14 3   15 10 16 9   9 3   12 3 15 10 2 8 ,

2 1 14   2 3   15 3 1 7   9 ' 3 2   12 3 2 8 12 3

17 10 6 7 12 3 ,   2 6   4 3 16 ,   2 6   9 1 14 7 10 2 .

REPONSE : 14 3   9 5 14 3 6 14

Enoncé de l'énigme :
Une boîte de safran qui sur tout le pays se répand, nul ne peut s'en rendre maître, ni bey, ni sultan.
Réponse : Le soleil

RENSEIGNEMENTS PRATIQUES

■ **Langue officielle :** l'arabe est la langue officielle, mais on parle le français partout.

■ **Monnaie :** l'unité monétaire est le dinar, divisé en 1.000 millimes. Un dinar équivaut approximativement à 5,50 FF et 0,83 Euro. Le taux de change est le même partout (hôtels, banques, aéroport). **Attention :** le dinar n'est pas exportable.

■ **Banques :** en règle général, les horaires d'ouverture sont de 8h à 11h30 et de 14h à 17h du lundi au jeudi, de 8h à 11h et de 13h30 à 16h le vendredi ; en été et durant la période du ramadan, de 8h à 13h (horaire continu) du lundi au vendredi.

Certaines banques sont équipées de distributeur automatique où vous pourrez retirer directement des dinars à l'aide de votre carte bancaire internationale.

■ **Location de voitures :** à Houmt Souk, on trouve plusieurs agences de location de voitures (voir coordonnées page 115). Les agences sont représentées à l'aéroport de Djerba.

■ **Locations de vélos/scooters :** à Houmt Souk ou Midoun. Dans la zone touristique il existe de nombreux points de location.

Poste d'Houmt Souk, avenue Habib Bourguiba.

En moyenne, les tarifs de location vélos sont de :
7 dinars la journée,
12 dinars la demi-journée avec guide.

■ **Poste :**

Avenue Habib Bourguiba
à Houmt Souk - Tél. (05) 657 339
et place centrale à Midoun.

Les bureaux sont ouverts : en hiver de 8h à 12h et de 15h à 18h du lundi au vendredi et de 8h à 12h le samedi ; en été et durant la période du Ramadan de 8h à 13h (horaire continu) du lundi au samedi.

La durée d'acheminement du courrier est d'environ 5 jours.

Taxis... et calèches, dans la zone touristique.

Station principale de taxis à Houmt Souk.

■ **Marchés hebdomadaires :**

Houmt Souk - lundi et jeudi

Sedwikech - mardi

Guellala - mercredi

Midoun - vendredi

El-May - samedi

Adjim/Riadh/Méllita - dimanche

■ **Taxis :** ils se trouvent partout. Le "petit" taxi jaune, équipé d'un compteur, ne roule qu'en ville et est limité à 4 personnes ; le "grand" taxi peut desservir les plus longues distances dans l'île ; et enfin les voitures de "louage" ou taxis collectifs qui effectuent des parcours fixes entre les grandes villes. A partir de 21 h jusqu'à 5 h du matin, les prix sont majorés de 50 %.

Station de taxis d'Houmt Souk
Tél. (05) 650 205

Station de taxis de Midoun
Tél. (05) 657 255 - (05) 659 063

Allo Taxi - Tél. (05) 676 060

■ **Courant électrique :** 220 volts

■ **Liaison avec le continent :** chaussée romaine ou bac au départ d'Adjim.

Tél. (05) 655 015 - (05) 655 011.

■ **Transports en commun (bus) :** voir horaires de bus auprès de la réception de votre hôtel ou auprès de la gare routière à Houmt Souk. Tél. (05) 650 399 - (05) 650 475.

A Houmt Souk : arrêt de bus devant la Poste, avenue Habib Bourguiba.

■ **Téléphone :** vous pouvez téléphoner de votre hôtel, des taxiphones ou de la poste.

Taxiphone

Pour téléphoner de la poste ou des cabines, il vous faut des pièces de 1 dinar ou de 1/2 dinar.

Les indicatifs pour La France : 0033 + n° en supprimant le 0 de la zone concernée.

Remarques : les tarifs des hôtels sont généralement plus élevés que les tarifs de la poste.

■ **Shopping et marchandage :** marchandez, surtout si les prix ne sont pas affichés.

■ **Décalage horaire :** même fuseau horaire que l'Europe. Pas de changement d'heure l'été. En été il faut donc reculer sa montre d'une heure.

■ **Journaux et magazines :** nombreux journaux, revues et magazines français sont vendus chez les libraires et dans les kiosques.

■ **Secours :**
Police - Tél. (05) 650 015
Urgence :
Tél. (05) 650 197
(05) 657 280

■ **Pourboire :** le pourboire est une coutume. Il est de l'ordre de 10 %.

Restaurants "PETIT BUDGET"

Bonne cuisine, cadre simple et prix très raisonnables.

Tarif du repas complet : aux environs de 7 DT.

Restaurant sans alcool.

Houmt Souk

- Restaurant Central : 128, avenue Habib Bourguiba (à proximité de la gare routière).
- Restaurant les Palmiers : rue Mohamed Ferjani (en face de l'hôtel des Sables).
- Restaurant "chez Salem" : dans le marché central, près de la criée aux poissons.
Vous achetez vos poissons ou votre viande sur le marché. Ensuite vous vous rendez "chez Salem", qui vous les prépare, et vous les sert dans l'heure qui suit. Une formule très originale ! Passez votre commande de préférence avant 12 h.
- Restaurant Tunisien : dans le marché central, près de la criée aux poissons.
- Restaurant Le Carthage : 11, avenue Mohamed Badra.
Un cadre très simple pour une cuisine délicieuse. L'occasion de déguster les plats traditonnels tunisiens tels la mloukhiya (ragoût de bœuf ou de dromadaire, relevé de poudre verte de feuilles de corette), le couscous, les brik au thon, la kamounia (petits morceaux de viande mijotés dans une sauce relevée à base de tomate concentrée).
- Restaurant Berbère : place Farhat Hached. Un très bon couscous.

Restaurants "BUDGET MOYEN"

Bonne cuisine, beau cadre et prix moyens.

Tarif du repas complet : aux environs de 20 DT.

Restaurant avec alcool.

Houmt Souk

- Restaurant de l'hôtel Dar Faïza.
- Restaurant de l'île : place Hedi Chaker. *Très bon poisson.*
- Restaurant Baccar : place Hedi Chaker. *Joli décor.*
- Restaurant El Hana : place mohamed Ali, près d'une des entrées du Marché Central.
- Restaurant Jerbanova : place Sidi Brahim, à côté du restaurant de l'île.
- Restaurant Blue Moon : place Hedi Chaker.
Un cadre très agréable. Un joli patio habillé de céramique.

Midoun

- Restaurant Sidi Bou Saïd : dans le souk. Terrasse au premier étage.
- Restaurant El Guestile : 21, rue Marsa Ehoufah.
Architecture de style menzel. Les salles sont joliment décorées. Une bonne table.

Restaurants "BUDGET POUR OCCASION"

Cuisine raffinée, joli cadre, soirées animées.

Tarif du repas complet : aux environs de 30 DT.

Restaurant avec alcool.

Houmt Souk

- Restaurant Haroun :
Près du port de pêche.
Soirées animées par un orchestre "mâlouf". Excellents poissons.
- Restaurant Ettebsi :
avenue Abdelhamid el-Cadhi
Folklore certains soirs. Bonne cuisine. Cadre agréable.

Midoun

- Restaurant Le Khalife :
route du Phare.
Spécialités tunisiennes.
- Restaurant et centre d'animation l'Oasis :
Zone touristique - Aghir-Midoun.
Soirées folkloriques - Joli cadre.

ADRESSES UTILES

Commissariat Régional au Tourisme
Route de Sidi Mahrez-Houmt Souk
Tél. (05) 650 544 - (05) 650 016

Syndicats d'Initiative
- Houmt Souk - place des Martyrs
Tél. (05) 650 915
- Midoun - place de la République
Tél. (05) 658 116
Tél. (05) 659 058 (Président du SI)

Association pour la sauvegarde de l'île de Djerba
BP 1 - Houmt Souk
Tél. (05) 620 940

Association du Festival des Arts et Costumes populaires des îles méditerranéennes
Mairie de Midoun
Tél. (05) 657 220

Office National du Tourisme Tunisien (O.N.T.T)
32, avenue de l'Opéra - 75002 Paris
Tél. 01 47 42 72 67

Mairie de Houmt Souk
Tél. (05) 650 020

Mairie de Midoun
Tél. (05) 657 220

Mairie d'Adjim
Tél. (05) 655 001

Office National de l'Artisanat Tunisien (O.N.A.T.)
Avenue Habib Bourguiba
Houmt Souk
Tél. (05) 650 146

Aéroport de Djerba
Tél. (05) 650 233

LOCATION DE VOITURES

A.B.C. CAR RENTAL
Houmt Souk
Tél. (05) 653 077 - Fax : (05) 653 167

AVIS
Avenue Mohamed Badra
Houmt Souk - Tél. (05) 650 151

BUDGET
Houmt Souk
Tél. (05) 653 444 - Fax : (05) 653 438

CARTHA RENT
Houmt Souk - Tél. (05) 650 678

EUROPCAR
Avenue Abdelhamid El Cadhi
Houmt Souk Tél/fax : (05) 650 357

EXPRESS RENT
Hôtel Dar Jerba - Zone touristique
Tél. (05) 657 569 - Fax : (05) 651 076

HERTZ
Place Mongi Bali
Houmt Souk - Tél. (05) 650 039

INTERCAR
Rue El Cadhi
Houmt Souk - Tél. (05) 651 155

MATTEI
Avenue Abdelhamid El Cadhi
Houmt Souk - Tél. (05) 651 376

MED CAR
Houmt Souk - Tél. (05) 653 075

SOUTH CAR
Houmt Souk - Tél. (05) 652 869

TEX CAR
Avenue Habib Bourguiba
Houmt Souk - Tél. (05) 650 347
Fax : (05) 653 360

TOP CAR
Rue du 20 Mars
Houmt Souk - Tél. (05) 650 536

VOVA
Rue Taieb Méhiri
Houmt Souk - Tél. (05) 652 351

PROVERBES

Visite :

"Il est béni celui qui rend visite et ne s'attarde pas"

Amitié :

"Si ton ami est de miel, ne le mange pas complètement"

Avarice :

"Il est boucher et son dîner est fait de navets"

Douleur :

"Ne ressent la brûlure de la braise que celui qui marche dessus"

Générosité, partage :

"Mange en partageant ou cache-toi pour manger"

Connaissance :

"Savant avec les livres, mais âne sur les marchés !"

Persévérance :

"La persévérance troue le marbre"

Passé :

"Ce qui est passé est bien mort"

Aquarelle de Béchir Kouniali.

Vigilance :

"Celui qui a été mordu par le serpent craint la corde"

Sincérité :

"Toi qui est si beau au dehors, comment es-tu au dedans ? "

Foyer :

"L'oiseau dit : rien de mieux que mon domicile, fût-il un simple bois sec"

Amitié :

"La parole de l'ami fait pleurer, la parole de l'ennemi fait rire"

Argent et amitié :

"Aime-moi comme ton frère, et fais mes comptes comme tu les fais à ton ennemi"

Egoïsme :

"Il mange les fruits du jardin paternel, et il insulte ses ancêtres"

Etourdi :

"Il cherche son fils qu'il porte sur ses épaules"

Envie :

"La poule du voisin est toujours une oie"

Repas :

"Il faut déjeuner, et après s'allonger"

"Il faut dîner, et puis marcher"

BIBLIOGRAPHIE

BOULARES Habib, Nous partons pour la Tunisie, Paris, PUF, 1978.

CAMAU Michel, La Tunisie, Paris, PUF, "Que sais-je ?", 1989.

DEJEUX Jean, Dictionnaire des auteurs maghrébins de langue française, Paris, Karthala, 1984.

EBERHARDT Isabelle, Ecrits sur le sable, Paris, Grasset, 1988.

FERCHIOU Sophie et MARTEL Olivier, Lumières de Tunisie, Tunis, Cérès, 1979.

FLAUBERT, Gustave, Salammbô, Paris, Gallimard, Folio, 1974.

HALIMI Gisèle, Le lait de l'oranger, Paris, Gallimard, 1988.

HUREAU Jean, La Tunisie aujourd'hui, Paris, Cérès 1970.

INSTITUT NATIONAL D'ARCHEOLOGIE ET D'ART, Jerba, une île méditerranéenne dans l'Histoire, Tunis.

JERIRI Lotfi, Djerba Familier, Carthacom, Tunis, 1992.

JULIEN Charles-André, Histoire de l'Afrique du Nord, des origines à la conquête arabe, Paris, Payot, 1986.

LIEVRE Viviane, Danses du Maghreb, Paris, Karthala, 1987.

MANCHICOURT Charles, L'expédition Espagnole, l'île de Djerba.

MAUPASSANT Guy de, La vie errante de Maupassant au Maghreb, Paris, Le Sycomore, 1982.

MAUGE Roger, Un été tunisien, Paris, Grasset, 1979.

MESTIRI Ezzedine, La Tunisie, Paris, Karthala, 1995.

PERILLIER Louis, La conquête de l'indépendance tunisienne, Paris, Robert Laffont, 1979.

STABLO René, les Djerbiens, Sapi, Tunis, 1941.

TLATLI Salah Eddine, Djerba, l'île des lotophages, Cérès, tunis, 1967.

TLATLI Salah Eddine, Djerba et les Djerbiens, Aloccio, 1942.

ZEITOUN Edmond, 250 recettes classiques de cuisine tunisienne, Paris, Grancher, 1983.

Aquarelle de Béchir Kouniali.

INDEX

INDEX

Un grand merci à Fathi GACHITA
pour sa participation à la réalisation de ce guide.

Crédits photographiques :

Louis PAGEAU - Le Fuilet - Maine-et-Loire - France

Agence Tunisienne Afrique Presse
7, avenue Sliman Ben Sliman -TUNIS

Illustrations :

Dessins aquarelle : Béchir KOUNIALI
Place Farhat Hached - Houmt Souk - Djerba

Maquette et composition :

Brigitte GUGLIELMI et Richard PETIT

Tous mes remerciements à :

Abdelaziz BERRAJAH, Ridah BOUZAFFARA,
Dominique DROUET, Brigitte GUGLIELMI,
Béchir KOUNIALI, Louis PAGEAU, Herbert SCHEFFLER.

© 1999 Editions Piment - Saint-Barthélemy d'Anjou - France

N° Éditeur : 49-09-64
Dépôt Légal : Mars 1999
ISBN 2-9513602-0-7

Imprimé en France par
IPM - 49410 Saint-Florent-le-Vieil
& IPA - 49600 Beaupréau

Les erreurs qui auraient pu se glisser dans ce guide,
ne sauraient engager la responsabilité de l'éditeur.